정신과 의사 TOMY가 알려주는

1초 만에 고민이 사라지는 말

SEISHINKAI TOMY GA OSHIERU
1BYO DE NAYAMI GA FUKITOBU KOTOBA
by SEISHINKAI TOMY

정신과 의사
TOMY가
알려주는

1초 만에 고민이 사라지는 말

정신과 의사 Tomy 지음 | 이선미 옮김

RITEC CONTENTS

목차

시작하며 — 10

CHAPTER 1

최고의 복수는 신경 쓰지 않는 것이다

001 망각 — 14
002 비난 — 15
003 관대함 — 16
004 방관 — 17
005 그만 — 18
006 의욕 — 19
007 조심 — 20
008 화제 — 21
009 압박 — 22
010 삶 — 23
011 입버릇 — 24
012 포기 — 25
013 애정 — 26
014 그릇 — 27
015 반복 — 28

만화로 보는 Tomy

정답이 없는 일이란… — 29

016 운세 — 30
017 불필요 — 31
018 여유 — 32
019 인정 — 33
020 우울 — 34
021 지속성 — 35
022 의문 — 36
023 변명 — 37
024 부적합 — 38
025 냉정 — 39
026 인생 — 40
027 답변 — 41
028 눈치 — 42
029 깨달음 — 43
030 시각 — 44
031 본성 — 45

Tomy의 상담실

"감정을 솔직하게 표현할 수가 없어요" 46

032 납득 — 48

033 사이 — 49
034 성격 — 50
035 자유의지 — 51
036 직감 — 52
037 바라봄 — 53
038 존엄 — 54
039 단면 — 55
040 선함 — 56
041 적당히 — 57
042 조정 — 58
043 종류 — 59
044 부정 — 60
045 인기 — 61
046 친분 — 62
047 초조함 — 63

만화로 보는 Tomy

행동을 바꾼다란… — 64

CHAPTER 2

대부분의 고민은 나중에 우스갯소리가 될 것이다

048 가능성 — 66
049 정상 — 67
050 멀리함 — 68
051 모름 — 69
052 침묵 — 70
053 제대로 — 71
054 죽음 — 72
055 얽매임 — 73
056 공격 — 74
057 역할 — 75
058 은혜 — 76
059 말 — 77
060 처음 — 78
061 상처 — 79
062 받아들임 — 80
063 놀이 — 81
064 친절 — 82
065 이해 — 83
066 후회 — 84

만화로 보는 Tomy

열심히란… — 85

067 친밀 — 86
068 재능 — 87
069 이어짐 — 88
070 솔직 — 89
071 판단 — 90

072 호의 — 91
073 과거 — 92
074 일 — 93
075 보물 — 94
076 관계 — 95
077 개성 — 96
078 스트레스 — 97
079 고민 — 98
080 전환 — 99
081 어리숙함 — 100
082 시간 — 101
083 입장 — 102
084 내려놓음 — 103
085 적정 — 104
086 수정 — 105

Tomy의 상담실

"엄마를 용서할 수 없다" — 106

087 정체 — 108
088 애틋함 — 109
089 호불호 — 110
090 회상 — 111
091 변화 — 112
092 이질 — 113
093 상대 — 114
094 방법 — 115
095 조절 — 116
096 자격 — 117
097 제멋대로 — 118
098 동시대 — 119
099 호감 — 120
100 협박 — 121
101 참뜻 — 122
102 안목 — 123
103 노래 — 124
104 비판 — 125
105 그대로 — 126
106 유쾌불쾌 — 127

만화로 보는 Tomy

결점이란… — 128

CHAPTER 3

무례한 사람은 가까이하지 않기

107 이유 — 130
108 용기 — 131
109 시차 — 132
110 인연 — 133

111 괜찮음 —— 134
112 운명 —— 135
113 불안 —— 136
114 영원 —— 137
115 무례 —— 138
116 표면 —— 139
117 신용 —— 140
118 긍정 —— 141
119 에너지 —— 142
120 시기 —— 143
121 급류 —— 144
122 싫어함 —— 145
123 진실 —— 146
124 방황 —— 147
125 답답함 —— 148

만화로 보는 Tomy

참는다는 건… —— 149
126 마일리지 —— 150
127 만회 —— 151
128 무의식 —— 152
129 동료 —— 153
130 바람 —— 154
131 잃음 —— 155
132 오해 —— 156
133 소거법 —— 157
134 짜증 —— 158
135 멀리 —— 159
136 선택 —— 160
137 순간 —— 161
138 다정함 —— 162
139 손해 —— 163
140 따로 같이 —— 164
141 쉼 —— 165
142 정지 —— 166
143 요구 —— 167
144 재미 —— 168
145 신념 —— 169

Tomy의 상담실

"결혼 후에 남편이
동성애자인 것을 알았습니다" —— 170
146 지난날 —— 172
147 무욕 —— 173
148 중단 —— 174
149 기대 —— 175
150 감정 —— 176
151 멀어짐 —— 177
152 흑역사 —— 178
153 행복 —— 179

154 내 편 — 180
155 무시 — 181
156 역설 — 182
157 정답 — 183
158 운 — 184
159 기준 — 185
160 고독 — 186
161 겸손 — 187
162 승패 — 188
163 일단 — 189
164 특기 — 190
165 평가 — 191

만화로 보는 Tomy

받아들일 수 없는 사람이란… — 192

CHAPTER 4

뜻대로 되지 않는다는 건 멋진 일이다

166 소중히 — 194
167 희생 — 195
168 뜻대로 — 196
169 어른이 — 197
170 주관 — 198
171 족쇄 — 199
172 목소리 — 200
173 구멍 — 201
174 등가 — 202
175 꿈 — 203
176 비관 — 204
177 슬럼프 — 205
178 논쟁 — 206
179 회고 — 207
180 싫음 — 208
181 음미 — 209
182 급소 — 210
183 모순 — 211
184 견딤 — 212

만화로 보는 Tomy

스트레스란… — 213

185 목표 — 214
186 연결 — 215
187 간결 — 216
188 자신감 — 217
189 험담 — 218
190 열심히 — 219
191 주마등 — 220
192 휘둘림 — 221

193 좋아함 222
194 엄격 223
195 초심 224
196 성장 225
197 사명감 226
198 도움 227
199 기다림 228
200 기회 229
201 의존 230
202 외로움 231

Tomy의 상담실

"삶의 의미를 모르겠다" 232

203 새로움 234
204 싫증 235
205 되새김 236
206 평균 237
207 날씨 238
208 혼자 239
209 형식 240
210 맛 241
211 자연 242
212 그때 243
213 주위 244
214 자신 245
215 질투 246
216 감동 247
217 즐거움 248
218 시도 249
219 타인 250
220 체념 251
221 현실 252

만화로 보는 Tomy

남들과 비교한다는 건… 253

마치며 254

시작하며

저는 Tomy라고 합니다. 정신과 의사이자 칼럼니스트죠. 또, 동성애자이기도 하고요. 정신과 의사라는 일은 한정된 시간 안에 많은 환자를 만나야 합니다. 그럼에도 천천히 이야기를 들어주고 조언을 곁들입니다.

정신과 의사는 제한된 상황에서도 환자에게 더 도움이 되고 싶어 하기 때문입니다. 이를 해결할 수 있는 것이 바로 '한마디 조언'입니다. 적절한 타이밍에 적절한 말을 던질 수 있다면, 그 순간 환자의 마음이 풀리고 부드러워지니까요.

저는 수많은 환자를 진찰하면서 고민을 완화하는 데 효과가 좋은 단어를 많이 발견했습니다. 그리고 그 말을 꾸준히 메모해 왔습니다. 그 말들은 힘든 시기를 겪었던 저에게도 큰 힘이 되어주었습니다.

저의 30대는 고난의 연속이었습니다. 계속 저를 지켜주신 아버지의 갑작스러운 죽음에 이어 몇 년 뒤, '나는 이 사람을 만나기 위해 동성애자로 태어났구나.'라고 생각할 정도였던 파트너의 죽음이 저를 괴롭게 했습니다.

그런 괴로운 때 제가 메모해둔 말이 저를 지탱해줬습니다. 또 그 경험 속에서 많은 말이 떠올랐습니다. 트위터를 본격적으로 시작한 것은 그런 말들을 나누며 여러분에게 도움이 되고 싶다고 생각해서입니다. 어떤 고민이든 공통되는 부분이 있기 마련이라고 생각했거든요.

그렇게 시작한 트위터의 팔로워수가 1년 만에 3천 명에서 18만 명까지 늘었어요. 저 역시 고난을 겪은 사람이고, 그 과정에서 얻은 말들을 트위터에 올린 덕분에 트윗들을 정리해 많은 사랑을 받을 수 있었던 것입니다.

인생에 고민은 따르기 마련입니다. 아무리 해결해도 끊임없이 튀어나오죠. 하지만 어떻게 생각하는지에 따라 인생은 달라집니다. 자, 페이지를 넘겨보세요. 당신의 고민을 사라지게 할 말이 가득 담겨 있으니까요!

정신과 의사 Tomy

CHAPTER

1

최고의 복수는 신경 쓰지 않는 것이다

Tomy's Voice

001

망각

최고의 복수는
신경 쓰지 않는 것입니다.

상대방의 말과 행동을 지나치게
의식할 필요 없습니다.
대체로 큰 문제가 아니거든요.

잊어버려요, 잊어버려~

Tomy's Voice

002

비난

**비난이 입 밖으로 나올 것 같으면
왜 그렇게 느꼈는지부터
생각하면 됩니다.
그러면 다른 사람을 공격하지
않고도 이성적으로 상황을
바라볼 수 있습니다.**

공격적인 태도는 모르는 사이에
버릇이 되기 쉬우니,
자신의 공격성을 억누르는 것이 좋아요.
감추어 둡시다. 신경 쓸 가치 없어요!

Tomy's Voice

003

관대함

**부정적인 기분, 공격적인 기분.
그런 기분도 드는 게
당연한 겁니다.**

논리로 억압하면 안 돼요.
억압하면, 그 기분이 커지거나 왜곡되니까요.
'아, 내가 지금 이런 기분이구나.'하고
그냥 흘려보내세요.
자신에게 관대하면,
다른 사람에게도 관대해질 수 있습니다.

Tomy's Voice

004

방관

평소에는 얕보여도 괜찮아요.
바보 취급당해도 괜찮아요.

더 이상 참을 수 없을 때,
제대로 화를 내면 됩니다.
얕보거나 바보 취급하는 사람은
스스로 약한 사람입니다.
그러니까, 좋을 대로 하게 내버려 두세요.

Tomy's Voice

005

그만

**피곤하면 사양 말고 그만둬요.
과로로 계속할 수 없게 되는
것보다 훨씬 좋으니까요.**

그만두면 불만을 말하는 사람도 생기지만,
그 사람은 당신이 계속 진행할 수 있는지
아닌지를 생각하지 않았을 겁니다.
당신을 쉬게 만드는 건
당신이 결정할 일입니다.

Tomy's Voice

006

의욕

좀처럼 의욕이 나지 않아도
그게 당연합니다.
오히려 정신의학적으로는,
의욕 충만한 사람이 주의해야 할
대상입니다.

자제가 안 되고, 나중에 반항할 위험도 있으니까요.
"싫어, 하고 싶은 마음이 안 들어."라며 해야 할 일을 하는 것.
이게 보통의 방식입니다.

Tomy's Voice

007

조심

공격적인 사람을 알아보는 방법은 무엇일까요?

말과 행동이 신경 쓰이는 사람,
뾰족한 사람, 왠지 피곤한 사람들이
있습니다.
그러니 정체가 분명하지 않더라도
그런 느낌이 든다면 조심해야 합니다.

Tomy's Voice

008

화제

자기 이야기를 하는 사람은
주의해야 할 대상입니다.
기본적으로 '자기 이야기'는
할 필요가 없어요.

물어보면 대답하세요. 스스로 '나는 말이야.'
하며 거들먹거려선 안 됩니다.
내가 어떻게 보일지는 상대방이 결정할
일이지, 내가 결정할 일이 아닙니다.
무엇보다 문제는 '상대방이 나에 관한
이야깃거리'를 좋아하는지 아닌지
모른다는 점입니다.

Tomy's Voice

009

압박

다른 사람들의 압박에
쉽게 굴복하는 사람은
간혹 손해를 보는 경우가 있습니다.

다른 사람들이 압박을 주는 이유는
그들에게 이익이 있기 때문이에요.
냉정하게 생각하면 그들의 목적이
불편하기 때문에 압박을 주는 것이에요.
강한 압박을 받았을 때는,
천천히 멈춰서 잠시 생각해 보세요.
상대방이 당신을 진심으로 생각하고 있다면,
충분히 이해할 때까지 기다려줄 거예요.

Tomy's Voice

010

삶

**사는 것은 등산과는 다릅니다.
거기에 산이 있어도 오르지
않아도 됩니다.**

삶은 등산과는 다른 것이에요.
등산에서는 안 해도 될 일이 생기기도 하지만,
삶에선 당신이 원하는 대로 살면 됩니다.
꽃을 따거나, 나비를 쫓거나, 누워서 쉬거나,
김밥을 먹거나 할 수 있어요.
삶은 즐겁게 살아도 된다는 거죠.

Tomy's Voice

011

입버릇

**"엥?"이라는 입버릇은
그만두는 편이 좋습니다.
공격적이고, 상대를 무시하는
듯한 인상을 줍니다.**

단 한마디지만, 그것만으로 상대가
'이야기하기 어려운 상대'라고
생각할지도 모릅니다.
악의가 없더라도, 오히려 그럴 경우
더욱 사람 간의 관계에 방해가 될 수 있으므로,
이 입버릇은 고치는 게 좋겠죠.

Tomy's Voice

012

포기

포기는 타협이 아닙니다.
포기한다는 선택지를 용기 있게
선택했을 뿐이에요.

선택했다는 것은 전진한다는 겁니다.
당신은 최선을 다했으니
충분히 열심히 했어요.

Tomy's Voice

013

애정

사람을 계속 좋아하기 위해서는 만나는 시간을 즐거운 시간으로 만드세요.

상대에게 짜증 내거나 지치기 전에
떠나는 겁니다.
좋아한다고 해서 매일 함께하는 것도
좋지 않아요.
애정이란 꽤 단순한 면도 있어서,
만날 때마다 싫은 기분이 들면 상대방에게
잘못이 없어도 싫어져 버리니까요.

Tomy's Voice

014

그릇

그릇을 넓히세요.

상대방에게 분노가 끓어오를 때는,
'나는 똑같은 행동을 지금까지 한 번도
해 본 적 없나?'하고 스스로 물어보세요.
누구나 저지를 수 있는 일임을 알게 되면
'어쩔 수 없지, 다음부터 조심해.'하는
정도의 화만 날 것입니다.
그것은 굳이 화낼 필요 없는 가짜 분노입니다.
그래도 남는 분노가 진짜 분노입니다.
진짜 분노에만 화를 내세요.

Tomy's Voice

015

반복

매일 반복되는 일상에 지칠 때,
'내 인생, 이래도 괜찮을까.'라고
생각하는 건 자연스러운 일이죠.

바로 그 반복되는 일상이야말로 인생이에요.
매일 화려하게 여러 가지 일을 하는
(혹은 하는 척하는) 유명인은 많지만,
실제로는 그들도 나름의 생활패턴이
매일 반복되고 있을 뿐이에요.
반복 속에서 가치를 찾아보세요.

만화로 보는
Tomy
정답이 없는 일이란…
껄끄러운 사람과 어떻게 관계를 유지할까…
인간은 왜 이 세상에 태어나서 죽어가는 건가…
정답이 없는 일이라도 여유가 있을 때 생각하는 것이 중요합니다.
블루하와이는 어떤 맛일까…
으음
아— 더 이상 모르겠어.
나중에 다시 생각해도 되겠지.
그래서, 생각하다가 지친다면 일단 생각하는 걸 그만두세요.
고민
고민
일단 보류!
적당한 타이밍이 오면 이것들이 연결되어 멋진 해결책이 될 거예요
정답
짜잔!
이렇게 남겨두면, 자신의 아이디어 조각이 머릿속에 많이 쌓입니다.

Tomy's Voice

016

운세

"운이 없다."라고 생각되는 날은 많이 움직이지 않는 것이 좋습니다.

굳이 운세 이야기가 아니어도,
운이 없는 날은 피곤하고 부주의해집니다.
이럴 때는 움직일수록
부주의해서 생기는 실수를 하죠.
그러니 너무 움직이지 않는 게 좋습니다.

Tomy's Voice

017

불필요

스트레스를 잘 받는 사람은 '불필요한 기준'을 만드는 버릇이 있습니다.

"올해까지 ○○해야 해."
"애인은 ○○ 아니면 안 돼."
"휴일에는 꼭 외출해야 해."
나도 모르게 굳이 만들지 않아도 될 기준을 많이 만든 거 아닐까요?
그 목표가 정말 필요한 것인지 생각해 보세요.

Tomy's Voice

018

여유

너무 바쁘더라도,
집에 돌아와서 단지 잠만 자는 삶은
피로감을 불러올 수 있어요.

가능한 한 1시간 이상은 자기 전에
뒹굴거리는 시간을 만드는 것이 좋습니다.
이 1시간의 여유가 마음을
건강하게 만드니까요.

Tomy's Voice

019

인정

자기 인정 욕구는
자신을 스스로 인정할 수 있다면
완벽하게 해결됩니다.

타인에게 인정받으려고 하다 보니,
괴로워지거나 번거롭게 됩니다.
해결 방법은 무언가에 열중하는 겁니다.
열중할 것이 없다면 무엇에 열중할 것인지
찾는 연습부터 하세요.
내 발로 내 인생을 걷는 거예요.

Tomy's Voice

020

우울

우리가 가지고 있는
슬픈 감정은 해결할 수 없기
때문에 우울한 것입니다.

그러므로, 그게 최종적인 형태입니다.
해결할 필요가 없습니다.
다른 곳으로 떠나지 않아도 됩니다.
감정은 떠다니거나 지속적인 것이
아니기 때문에 의식을 다른 곳으로 돌리면
점점 사그라지게 됩니다.
그게 안 될 때는, 그냥 그 감정을
자기 스스로 기억하고 단련시켜 보세요.

Tomy's Voice

021

지속성

일이든 공부든 가장 중요한 것은 지속하는 것입니다.

아무리 기운을 내고 집중하더라도
지속하지 않으면 의미가 없습니다.
그러니까 "힘낸다."라는 말은
힘을 주는 것이 아니라,
'쓸모없는 데 에너지를 버려 지치지 말고,
할 일을 계속하기 위해 나아간다.'이죠.
즉, "힘내라."는 '지치지 말고
나아갈 힘을 내라.'라는 뜻입니다.

Tomy's Voice

022

의문

그 사람과의 관계성에
의문이 든다면
자신에게 이렇게 물어보면
됩니다.

'그 사람과 있는 자신이 좋나요?'
사람들과 좋은 관계 속에서 지내는 것은
누구나 바라는 일입니다.
하지만 모든 사람과
좋은 관계일 수는 없습니다.

Tomy's Voice

023

변명

**처음 말했던 것과 이야기가
달라지는 사람은
믿을 수 없는 사람입니다.
비록 작은 차이일지라도요.**

그 사람이 변명을 해도,
너무 쉽게 "그래."라고 넘기는 것은 위험해요.
이런 사람은 '핑계만 잘 대면
약속은 지키지 않아도 돼.'라고
생각할 가능성이 큽니다.
깊은 관계를 유지하지 않는 편이 좋아요.

Tomy's Voice

024

부적합

나에게 안 맞는 것은
열심히 하지 않아도 괜찮아요.

모든 일을 잘할 필요는 없으니까요.
맞지 않는 무언가를
열심히 할 필요는 없습니다.
잘하는 것을 더 발전시키거나
좋아하는 것을 하는 것만으로도 좋아요.

Tomy's Voice

025

냉정

당신을 이해해주는 사람의
의견을 귀 기울여 들으세요.
그리고 냉정히 판단하세요.

당신을 싫어하는 사람이
도움이 되는 조언을 할 이유는 없어요.
하지만 좋은 사람이라고 해서
모든 의견을 솔직하게 받아들이면,
당신은 혼란스러워질 수 있어요.
따라서 자기 자신의
냉정한 판단이 중요해요.

Tomy's Voice

026

인생

인생은 '나를 사용할 수 있는 시간'을 뜻합니다.

그러니까 인생을 내가 달성한 일이나
특별한 사건으로 여기지 않아도 됩니다.
자신의 시간을 제대로 사용할 수 있었는지가
중요합니다.
물론 남들과 비교할 이유도 없습니다.
나는 다른 사람의 시간을
살고 있지 않으니까요.

Tomy's Voice

027

답변

상대방이 '뭔가 이상한 말을 하고 있구나.'라고 느꼈다면, 대충 대처하지 마세요.

"다음에 다시 답장하겠습니다."라고 대답하고 일단 미루세요.
이때 "별일 아니니까 OK 해 주세요."라고 재촉받으면, 더욱 미뤄야 합니다.
대충 대처한 일이 안 좋은 결과를 가져올 때가 많습니다.

Tomy's Voice

028

눈치

나도 모르게 눈치를 보는 사람에게

초능력이 없는 한 상대가
무슨 생각을 하고 있는지 알 수 없어요.
모르는 것은 노력해도 소용없습니다.
정말로 당신을 생각하고 있는 사람은
자신이 무슨 생각을 하고 있는지
분명히 전해 줄 거예요.
눈치를 보게 만들기 싫어할 테니까요.

Tomy's Voice

029

깨달음

**누군가의 이야기를
해 보겠습니다.**

그는 소중한 사람이 죽은 후,
매우 열심히 살았습니다.
하지만, 사실은 소중한 사람이
"잘하고 있어."라고 말해줬으면 했죠.
그렇지만 그건 불가능했어요.
어느 순간, 그는 자신이 열심히 하고 있었음을
깨닫고 스스로 인정하기로 했어요.
그러다 때가 되니
다시 소중한 사람을 만났습니다.

Tomy's Voice

030

시각

괭장히 좋아했던 것을
더는 좋아하지 않게 되는 것은
매우 슬픈 일이지만,
자신이 변화하고 사물을 보는
시각이 바뀐 탓일지도 모릅니다.

그것을 '성장'이라고도 합니다.
그렇다고 마냥 슬퍼할 수 없지요.
모든 것은 변화합니다.
그저 적당한 거리에서 바라보는 것이
가장 좋습니다.

Tomy's Voice

031

본성

그 사람의 본성은 작은 데서 드러날 겁니다.

인사, 돈 쓰는 법, 시간약속,
사과할지 말지 같은 곳에서요.
의지가 강한 부분이나, 중요한 상황에서는
누구나 신경 써서 임하기 때문에 본성은
알기 어렵습니다.
작은 부분에서는 방심하니까 큰 힌트가
숨겨져 있는 겁니다.

"감정을 솔직하게 표현할 수가 없어요"

저는 어려서부터 부모님께 엄하게 가르침을 받은 것이 원인인지, 제 감정을 억누르는 게 습관이 되어, 친한 친구에게조차 본연의 모습을 좀처럼 보여주지 못하고 있습니다. 항상 자신감이 없고, 억지웃음을 짓거나, 자신의 의견을 말하지 못해서, 정말로 괴롭습니다. (여고생)

그게 당신의 '솔직함'입니다!

'자신의 감정을 누르고 솔직하게 표현할 수 없다' 그것이 당신다움이자, 솔직한 본연의 모습이 아닐까요? 우선 자신을 자신 있게 인정하는 것부터 시작하는 편이 좋아요.

물론, 솔직하게 여러 가지 표현을 할 수 있는 쪽이 가진 장점도 많습니다. 하지만 그렇지 않다고 해서, 딱히 나쁜 것은 아니에요. 우선은 '스스로를 솔직하게 받아들여도 좋다.'라고 생각하는 것부터 시작하세요.

그런 다음, '자신의 이상'을 목표로 해 봅시다. 먼저 작은 것부터 연습해야겠죠? 자신의 의견을 말하는 것부터 연습해 보세요.

그리고 상대방의 의견도 들어보세요. 그러면 감정을 억누르고 있던 장벽이 낮아질 겁니다.

예를 들어,

"난 라면 먹고 싶은데 넌 어때?"

이 정도부터라도 좋아요.

그것을 할 수 있게 되고 나서, 조금씩 자신의 의견을 발전시켜 가는 겁니다. 자신의 의견을 말하는 것은 나쁜 게 아니라 오히려 상대에 대한 배려이기도 해요.

'뭐든지, 아무거나 좋아.'라고 하는 건 상대방을 가장 곤란하게 만드는 대답이니까요. 자, 솔직하게 자신의 의견을 말하는 연습을 해 보자고요!

Tomy's Voice

032

납득

받아들일 수 없는 현실을 어떻게 하면 받아들일 수 있을까요?

바로 받아들이려 하지 않는 것입니다.
받아들일 수 없는 사태라서
못 받아들이는 겁니다.
억지로 받아들이면 망가져요.
그것이 뭐든 자기 안에 억지로 집어넣고
소화하지 않아도 됩니다.
그래도 살 수 있으니까요.

Tomy's Voice

033

사이

**직장 내 동료와의 인간관계
스트레스를 줄이는 방법은
침범할 수 없는 적당한 거리를
두고 사귀는 것입니다.**

그러면 친한 친구가 될 필요가 없는 사이로
지내면서,
관계가 악화되지도
않습니다.

Tomy's Voice

034

성격

성격이 변하지 않는다는 건
거짓말입니다.
변하고 싶다면 조금씩 변합니다.

양파의 껍질을 벗기듯이요.
중요한 것은 더 나아지고 싶다는 마음이에요.
강요하지 않는 마음이에요.
포기하지 않는 용기가 필요해요.

035

자유의지

자유의지대로 하는 힘이 중요합니다.

'항상 이 시간에는 산책하는데,
오늘은 좀 피곤하니까 반신욕을 하자.'
이게 자유의지의 힘입니다.
자신의 현재 상태를 알고 유연하게
행동하는 힘.
내가 나의 콩셰르주(*concierge, 서비스 담당)가
되는 거예요.
'피곤하지만 지금은 산책할 시간이니까
산책해야지.' 이렇게는 하지 말아요.

Tomy's Voice

036

직감

직감으로 '이거다!'하고 선택한 것은, 고르는 시간이 얼마 걸리지 않았는데도 만족도가 높습니다.

반대로 시간을 들여 이것저것 고민하다 보면 오히려 만족스럽지 않을 때가 많고요. 선택하는 데 시간이 걸린다는 것은 다시 말해 결정적이지 않은 거예요. 그럴 때는, 지금 당장은 아무것도 고르지 않는 것이 정답일 수도 있습니다.

Tomy's Voice

037

바라봄

감정이나 집착을 쫓지 않는 연습을 해 보세요. 방법은 이렇습니다.

멍하니 자신의 기분을 바라보는 겁니다.
'아, 지금도 안절부절못하네.'
'아, 지금 나를 부정적으로 생각하는구나.'
남의 일처럼 바라보고 그대로 두세요.
익숙해지면 많은 생각이 반짝이다가
사라진다는 걸 알 수 있을 겁니다.

Tomy's Voice

038

존엄

누구에게나 고독한 시기가 있습니다.

그럴 때는,
'지금은 고독이 친구'라고 결론짓고,
혼자 끝내는 연습을 하면 됩니다.
고독을 친구로 삼는다면
제대로 도움이 될 때가 오고,
훗날 친구와의 시간에
더욱 충실해질 겁니다.
울지 마세요. 아니, 많이 울어도 괜찮아요.

Tomy's Voice

039

단면

잘 풀리고 있는 것처럼 보이는 사람도, 항상, 뭐든 잘 풀리고 있진 않습니다.

당신이 부러워하는 사람은,
모든 일이 잘 풀리는 것처럼 보일 겁니다.
하지만 당신이 그 사람의 잘 풀리는
부분만 봤을 뿐입니다.
당신이 잘하고 있는 부분은 못 보고요.

Tomy's Voice

040

선함

아무리 외모가 보기 좋아도
아무리 능력이 좋아도
선한 사람이 아니면
의미가 없습니다.

선함보다 더한 매력은 없습니다.
선함을 유지하는 것만으로,
당신은 멋진 사람이에요.

Tomy's Voice

041

적당히

싫어하는 것보다 좋아하는 것을 더 주의하세요.

싫어하는 것은 싫은 마음이
스톱버튼이 되지만,
좋아하는 것은 무리해서 해버리고 맙니다.
한계를 넘어 너무 많이 하면
좋아하는 것도 해로워집니다.
가령, 우울증이나 병은 좋아하는 것이
그 원인이 되기 쉬워요.
좋아하는 것일수록 적당히 하세요.

Tomy's Voice

042

조정

다른 사람과의 관계는
스스로 조정할 수 있습니다.

같은 직장, 같은 학교, 같은 집에 있어도
상대방과의 거리감은 내가 결정하는 거예요.
최소한의 영향은 필요하지만
나를 향한 영향력을 관리하는 것은
자신입니다.
내 마음은 나만의 구역이에요.

Tomy's Voice

043

종류

세상에는 두 종류의 인간이 있습니다.

자신이 줌으로써 풍요로워진다는 것을 알고 있는 사람과, 앗아가거나 앗아갈 뿐이라고 생각하는 사람이에요.
후자에 가까워지면 언젠가는 빼앗거나 빼앗기게 될 거예요.
전자의 친구를 사귀고,
스스로도 전자가 되는 게 좋아요.

Tomy's Voice

044

부정

처음 만나는 사람과
대화를 시작할 때부터
“부정적인 이야기”를 하는
사람은 주의해야 해요.

이런 사람은 ‘뒷담화’ 같은
부정적인 이야기에 익숙합니다.
너무 익숙해져서 그런 화제가 지금 분위기에
맞지 않는다는 감각도 없지요.
그런 사람과 가까이 지내면
언젠가 당신도 부정적인 이야기의
대상이 될 수 있어요.

Tomy's Voice

045

인기

사람들에게 인기를 얻을 수 있는 가장 좋은 방법은, '사람들에게 인기 있으려 하지 않는 것'입니다.

자신의 신념을 바탕으로
흔들리지 않는 사람들이
많은 지지를 받는 겁니다.
인기를 얻기 위해 타인에게 휘둘리다 보면
무심코 반대로 하기 쉽죠.

Tomy's Voice

046

친분

'이 사람과 친분이 있으면 이득이니까.'라는 생각으로 인간관계를 확장해서는 안 됩니다. 그건 아첨입니다.

아첨하면 무리하게 되고,
서로 억지로 만나는 느낌이 들어서
아무도 얻지 못해요.
"이 사람 멋져! 이 사람과 같이 있으면 즐거워!"
라는 생각이 드는 사람.
그런 사람과 친분을 맺는 것이 가장 좋고,
재미있는 일도 생깁니다.

Tomy's Voice

047

초조함

초조한 마음은
전염성이 있습니다.

그러니 쉽게 초조하고 불안해하는 사람은
피하세요.
차분하고, 조금 어정쩡한 사람들과
함께 있는 것이 적당한 것 같아요.

만화로 보는 Tomy
행동을 바꾼다란…
무언가를 바꾸고 싶다면…
나, 이래도 괜찮은 걸까…
바뀌고 싶네…
또 휴일을 자는데 써버렸어…
띵
그런데 무엇부터 바꿔야 하지…?
행동을 바꾸는 것이 가장 좋다!!
역까지 버스로 가지 말고 걸어가 보자
어머, 이런 곳에 꽃집이!?
이렇게 할 수 없는 경우라도 의식하는 것만으로 꽤 달라져요.
이번 휴일에는 일찍 일어나서 가보자!
아… 저쪽에 새 카페가 생겼어
의식한다는 건 생각하는 방법을 바꾸는 거니까.
멋져

CHAPTER

2

대부분의 고민은 나중에 우스갯소리가 될 것이다

Tomy's Voice

048

가능성

자신은 바꿀 수 있지만
다른 사람은 바꿀 수 없다는 말은
확실히 사실입니다.

그런데 이걸 '다 내 탓'이라고 해석하는 건
좀 억지입니다.
"내가 할 수 있는 일이 있다!" 정도의
해석으로도 좋습니다.
자신은 바꿀 수 있으니까,
언제든지 가능성이 있는 거예요.
멋진 일이죠.

Tomy's Voice

049

정상

열심히 했을 때 칭찬해주는 사람이 있다면, 그건 너무 행복한 일일 거예요.

그렇지만 대부분의 사람에게는
정말 힘들 때조차 위로해줄 사람이 없습니다.
하지만, 그게 정상이에요.
누구나 그런 상황에 부닥치고는 합니다.

Tomy's Voice

050

멀리함

무언가를 멀리한다는 것은, 그것에 강하게 묶였다는 것과 같은 겁니다.

멀리하기 위해서는 항상 의식해야 하니까요.
정말 상관하고 싶지 않다면 멀리하는 것조차 잊어버리는 것이 좋아요.
쉽지 않겠지만 관심 있는 것, 좋아하는 것으로 머리를 채우려고 하면 조금씩 나아질 거예요.

Tomy's Voice

051

모름

"모르겠다."라고 말하는 것이 중요합니다.

진찰을 잘하는 의사는, 전혀 모르는 건
태연하게 "그거 모르겠어요."라고 말합니다.
"모르겠다."라고 말하는 것은
나쁜 것도 부끄러운 것도 아닙니다.
평소에 말할 수 있게 준비해 두면 좋아요.

Tomy's Voice

052

침묵

사람들과 잘 어울리고 싶다면,
일단 말을 아끼세요.

억지로 틈을 내려고 하면 피곤해집니다.
서로 편안한 상대라면 느긋한 관계가
되는 법입니다.
당신이 말을 많이 하면 침묵을 즐길 수 있는
상대인지 아닌지, 알 수 없습니다.

Tomy's Voice

053

제대로

**남에게 미움받을 만한 일이라도,
자기 나름대로 이유가 있어서
해야 한다면 제대로 해내세요.**

다른 사람들은 당신에게 책임감이 없어요.
대충 말하고 대충 비판하죠.
당신을 책임질 수 있는 건 당신뿐이에요.
자신감을 가지고 해내세요.

Tomy's Voice

054

죽음

자신의 죽음에 대해 생각하는 것은 평소부터 해 두는 편이 좋다고 생각해요.

죽음이 가까워지면,
모든 것이 중요하지 않게 되고
그냥 '잘 살았구나.'라는 생각만 있으면
충분할 거예요.
모든 것은 "잘 살기"에만 집중하면 되는 거죠.

Tomy's Voice

055

얽매임

자유란 결국 얽매임이 있기 때문에 더욱 생생하게 느껴지는 것입니다.

아무것도 속박하는 것이 없는 상태는 오히려 시련이라고 생각해요. 일시적인 순간에만 자유를 즐기고, "싫어, 싫어."하면서도 제약 속으로 돌아가는 것이 가장 행복해요.

Tomy's Voice

056

공격

**공격적인 사람은 어디에나
있는 법입니다.
그리고, 공격 대상은
누구든 될 수 있어요.**

당신이 공격당한 이유는
그저 당신 때문이 아니에요.
그럴 땐 단지 피하세요.

Tomy's Voice

057

역할

멋진 사람을 만났다고 해도
그 사람에게 너무 많은 역할을
맡기면 안 됩니다.

즐겁게 보낼 시간을 조금이라도
얻을 수 있다면
그것만으로 된 거예요.

Tomy's Voice

058

은혜

감사한 상대에게는 좀 더 많은 은혜를 돌려주는 것도 좋아요.

이러한 은혜가 밑거름이 되어
인연이 되는 겁니다.
하지만, 스스로의 의지로
돌려주는 것이 좋아요.
상대방이 요구하는 것은
그저 탐욕에 불과해요.

Tomy's Voice

059

말

말은 금방 와닿지 않습니다.

언제가 그 말을 이해할 수 있는 경험을 하고,
누군가의 말이 생각났을 때,
진짜 의미가 있는 겁니다.
그렇기에 바로 와닿지 않더라도
전하는 것은 중요합니다.

Tomy's Voice

060

처음

막 들어간 직장은 한 달 정도는 즐거워요.

직장은 신입에게 기대하고,
신입은 새 직장에 기대합니다.
전임자나 전 직장에 싫은 기억이 있는 경우가
많기 때문에 더욱 그렇죠.
그런데 3개월 정도 지나면 열정이 식어서
단점이 보이기에 서로 싫어집니다.
처음부터 서로 기대하지 말고
담담한 편이 더 나을 거예요.

Tomy's Voice

061

상처

**뭔가 싫은 일이 있어도,
"그 정도 일로 내 마음은
상처받지 않아!"라고 외치면
데미지가 줄어들 거예요.**

쓸데없는 일이나 시시한 사람 때문에
자신의 소중한 마음에 상처를 줄 건가요?
이렇게 말하는 것이
스포츠에서 스트레스 완화법입니다.
슬프겠지만요.

Tomy's Voice

062

받아들임

가끔 우리가 힘든 시기를
겪을 때는, 그것을 인정하고
받아들이는 것이 중요합니다.

계속해서 성장하고
개선해야 한다는 압박감을 느끼지 않고
그 상태 그대로 있어도 괜찮아요.
왜냐하면 우리가 끊임없이 성장하고
발전해야 하는 것은 아니기 때문이죠.
인생은 살아있는 한 계속 나아가는
것이기 때문에, 그것만으로도 충분해요.

Tomy's Voice

063

놀이

지난번에 놀이동산에 갔다가
문득 생각했어요.

인생은 놀이동산과 좀 비슷합니다.
모든 놀이기구를 타는 건 불가능이에요.
그래도 자기가 타고 싶었던 걸 탈 수 있으면
만족하겠죠.
내가 인생에서 고르고 싶은 놀이기구를
탈 수 있다면, 그걸로 된 거예요.

Tomy's Voice

064

친절

자신에게 엄격하고,
타인에게는 친절하면
지쳐버리고,
자신에게는 친절하고,
타인에게는 엄격하면
갈등이 생길 거예요.

자신과 타인 모두에게 친절하게 살아가는 게
가장 좋은 방법이라고 생각해요.

Tomy's Voice

065

이해

우리를 가장 치유해 주는 사람은,
우리를 가장 화나게 하는 사람은,
우리를 가장 울게 만드는 사람은,
그리고 우리 인생에 가장 큰
영향을 미치는 사람은,
맞아요, 바로 자기 자신이에요.

자신을 최대한 이해하는 것은 중요한 일이에요.
그 위에 자신과의 파트너십을 구축하세요.
혼자서도 할 수 있어요.

Tomy's Voice

066

후회

너무 후회하고 끝없이 생각에 잠긴 사람들에게.

후회해도 괜찮아요.
왜냐하면, 그게 당신의 마음이니까요.
맘껏 생각하고,
마지막에 "이번에는 이렇게 하자."라고
마무리하면 돼요.

만화로 보는 Tomy
열심히란…
'열심히'에는 요령이 있습니다. 그것은…
극력(極力) '열심히 하고 있다는 감각을 없애는' 것.
과제
으아 …
좋아하는 음악을 들으며 한다.
1시간마다 휴식 시간을 추가해 하는 일을 바꾼다.
후—
수면시간은 줄이지 않는다.
예를 들어
내일 이어서 해야지…
뭐든 좋아요 열심히 하는 시간을 잘 꾸며서 좀 더 멋진 시간이 되게 하는 거예요
열심히
평소와 다른 장소에서 한다. 도서관이라거나…

Tomy's Voice

067

친밀

**연애뿐만 아니라
좋아하는 사람을 많이 만드는
것도 중요합니다.**

싫어하는 사람과는 여행도 고통스럽지만,
좋아하는 사람과는 가위바위보도
즐겁잖아요?

Tomy's Voice

068

재능

'이곳이 진짜 내 자리가 아니야.'라고 계속 생각하면 당신의 재능을 펼치기 힘들어져요.

'어디, 일단 여기 자리를 잡아볼까.' 하는 생각으로 시작해 보세요.

069

이어짐

한 번이라도 신뢰할 수 없는 행동을 하면, 순식간에 관계는 무너져 버립니다.

정의가 '항상 신뢰할 수 있는 관계'가 아니게 되어버리니까요.
당신이 소중히 키워오고 있는 유대감은 섬세한 생물이에요.
언제나 아껴주는 마음으로 대해주세요.

Tomy's Voice

070

솔직

멋있는 사람은 지금을 소중히 사는 사람이고, 귀여운 사람은 자신에게 솔직하게 사는 사람입니다.

지금을 소중히, 자신에게 솔직하게 살면
귀엽고 멋있는 사람이 될 수 있습니다.
이건 누구나 나이에 상관없이
목표할 수 있어요.

Tomy's Voice

071

판단

사람을 볼 때는,
사람을 판단하지 말고
그들의 말과 행동을
판단하는 것이 좋아요.

훌륭한 사람이라고 생각해도,
의문스러운 말과 행동을 할 때가 있습니다.
별로인 사람이라고 생각해도,
진심 어린 말과 행동을 할 때가 있고요.
말과 행동만 보고 있으면,
사람을 더 유연하게 볼 수 있어요.

Tomy's Voice

072

호의

**남의 호의에 기대는 것도
상냥함 중 하나입니다.**

상대방은 걱정하고 도움을 주고 싶어
하니까요.
민폐가 아니라면 호의에 기대도 돼요.
보답은 상대방이 곤란할 때 하면 됩니다.

Tomy's Voice

073

과거

**전부는 아니지만
대부분의 고민은
나중에 우스갯소리가 됩니다.**

"그때는 끔찍했지만, 이젠 그런 기억 싫어."
그러면서 친구들과 술을 마시는 정도의
이야기가 될 거예요.
지금의 고민도, 머지않아 과거의 일로
지나가니까 괜찮아요.

Tomy's Voice

074

일

하고 싶은 일을 한다는 것은
멋진 일이지만,
그것만을 원해서는 안 됩니다.

일의 기본은
요구되는 무언가를 하는 것이기 때문이죠.
'이거라면 해낼 수 있을 것 같다.'라는 생각이
든다면,
다소 지루하거나 보람이 적은 일이라도
괜찮은 직장이지요.

Tomy's Voice

075

보물

소중한 사람을 잃은 사람에게.

그것은 슬프다고 하기에는 너무 슬프고,
괴롭다고 하기에는 너무 힘들 거예요.
하지만 그만큼의 사랑을 가질 수 있었던
사람이 있었다는 것, 그 사랑이 당신 안에
틀림없이 있다는 것은 멋진 일이 아닐까요.
그것이야말로 당신에게 남겨진 보물이지요.

Tomy's Voice

076

관계

사적인 인간관계를 억지로 정의하지 않는 것이 좋습니다.

예를 들면, 친한 친구에게
"우리 절친이지?"라고 확인하지 않잖아요.
문득 떠올리면, '그 사람은 절친이구나.'라고
생각하게 되는 거죠.
반대로 "우리는 절친이지."라고 말하는
사람은 절친이 아닙니다.
정의하려고 하면 인간관계가
얄팍해지는 거예요.

Tomy's Voice

077

개성

모두가 나를 좋아하지는 않아요.

자신에게 개성이 있는 이상, 사람들은
1. 나를 좋아해 주는 사람
2. 나를 싫어하는 사람
3. 나에게 무관심한 사람
이중 어느 하나에 속합니다.
미움받아도 2)인 사람이 늘었을 뿐이에요.
눈앞의 사람에게 집착하기 때문에 괴로울 뿐,
이미 1)인 사람도 있으니까,
그쪽을 소중히 하세요.

Tomy's Voice

078

스트레스

**트러블 시 중요한 것은
'내가 어디까지 대처해야 가장
스트레스가 적은지' 판단하는
능력입니다.**

만족할 때까지 하는 것이 스트레스를 덜 받는
사람도 있고,
적당히 흘려보내는 것이 스트레스를 덜 받는
사람도 있습니다.
어느 쪽이 뛰어나다는 게 아니라
내가 어떤 타입인지 아는 게 편해요.

Tomy's Voice

079

고민

고민하고 있다는 건
열심히 하고 있다는 뜻입니다.

그러니까 '나는 안 되겠다.' 이런 생각은
안 해도 돼요.
고민하기 전에 노력하고 있는 자신을
인정해 주세요.

Tomy's Voice

080

전환

감정 전환이란 것에 대해 써보겠어요.

감정만 전환되면 싫은 일도
더 쉽게 지나갈 수 있어요.
2교시가 시작되면 1교시는 잊을 수 있습니다.
핵심은 전환할 때 자신만의
동작을 추가하는 것입니다.
예를 들어, '손 씻기', '커피 마시기' 등이요.

Tomy's Voice

081

어리숙함

사람은 모두 어리숙한 생물이랍니다.

가치관이 다르면 어리숙해 보일 수밖에 없지요.
과거의 자신 역시 그렇게 느껴지더라도 한탄하지 마세요.
지금 내 가치관으로 봤을 때 어리숙하다고 생각한 것뿐이니까요.
미래의 내가 보기엔 지금의 내가 어리숙하다고 생각할지도 모릅니다.
그러니까 좀 어리숙해 보여도 괜찮아요.

Tomy's Voice

082

시간

"시간은 금이다."라고 말하지만,
사실 금보다 시간이 더 귀중해요.

돈은 늘릴 수 있지만
시간은 늘릴 수 없습니다.
인생에서 선택은
'쓸 가치가 없는 시간을 피하는' 것을
선택하는 것이 가장 좋습니다.

Tomy's Voice

083

입장

배신당했을 때의 본질은
'속았다'기보다는,
'상대방에게 거짓말을 해도
좋은 위치에 있는 사람'이
되었다는 것이죠.

입장이 바뀌었으니, 이제 이런저런
이야기를 해봐도 소용이 없어요.
그 대신 내 입장이 왜 이렇게 되었는지를
생각하는 것이 중요해요.
대부분은 돈이나 주변 사람들의 영향이죠.

Tomy's Voice

084

내려놓음

"내려놓는다."라는 것은
"자신의 마음이 관리하는 영역을
작게 한다."라는 것입니다.

방이 작으면 구석구석까지 눈이 닿아
훨씬 깨끗하게 유지할 수 있습니다.
그래서 '내려놓으면 스트레스가 줄어든다.'
그런 뜻이죠.

Tomy's Voice

085

적정

내 인생이 풍요롭지 않아도
괜찮아요.

만약 "풍요로웠다."라고 할 수 있는
순간이 있다면, 그건 운이 좋았다는 거죠.
그 정도면 돼요.
열심히 풀을 뜯어 먹는 염소처럼 살아도
괜찮아요.

Tomy's Voice

086

수정

때로는 각오나 용기를 갖지 않으면 큰 것을 잃을 수 있어요.

'이런 건 이상해. 나의 삶이 아닌 것 같아.'
라고 생각한다면, 아무리 힘들어도 궤도를 수정하는 게 좋아요.
이상하다고 생각하면서도 현재 상태를 유지하다가는 큰 것을 잃는 결과가 생길 수 있거든요.
결과적으로 더 힘든 삶을 살게 될지도 몰라요.

"엄마를 용서할 수 없다"

어릴 때부터 엄마의 말과 행동에 시달려 왔습니다. 엄마는 항상 당신이 편한 대로 사물을 제멋대로 해석하고, 불편한 일은 모두 남 탓으로 돌립니다. 제 인생을 엄마 때문에 망치고 싶지 않아요. 관계 회복이나 개선을 기대할 수 없는 상대와의 관계를 관리하는 방법과 마음을 지키는 방법을 알려주세요. (여대생)

내 인생은 누구에게도 침해당하지 않아!

어머니가 어떤 사람이라도 당신을 강제로 가둘 수 없고, 당신에게 명령할 수도 없어요. '아, 엄마는 이런 사람이구나.'라고 생각하면서 적당히 대하는 것도 중요해요.

사실, 자기를 어머니 안에 가두고 있는 것은, 당신의 마음이기도 합니다. 어머니도 나이든 한 여자일 뿐입니다. 이제 와서 어머니를 바꿀 수는 없으니까, 바뀔 수 있다면 당신이 바뀌는 게 좋아요.

물론 그보다 더 중요한 일은 어머니와 떨어져 있는 것입니다. 다만, 당신이 어머니와 제대로 거리를 두지 못하거나 어머니가 반대하면 집에서 나갈 수 없을지도 모르죠.

어머니와 물리적 거리를 두지 못하는 경우에 가장 중요한 것은, 당신이 자신의 마음을 해방해주는 것입니다. 그러기 위해 어머니의 말을 흘려듣는 연습을 합시다. 방법은 의외로 간단해요.

어머니의 말의 **20%** 정도를 안 듣는 겁니다. 그게 된다면 **30%**, **50%**로 늘려가는 거예요.

"얘는 내 말을 듣는지 안 듣는지 잘 모르겠어."라는 불평을 들을 정도가 딱 좋아요.

예를 들어, '떨어뜨리고 나서 지직거리는 소리 때문에 음악 소리가 잘 들리지 않는 에어팟' 정도랄까요?

Tomy's Voice

087

정체

여러 가지 시도해도, 생각해도 잘 안되는 정체기가 있지요.

그럴 때는 제대로 정체하는 게 중요합니다.
정체되는 것이 정체기의 일이니까요.
나아갈 때 나아가는 겁니다.

Tomy's Voice

088

애틋함

좋아하는 사람을
만나지 못할 때의 외로움은
외로움이 아니라 애틋함이에요.

애틋함은 긍정적인 감정이라고 생각합니다.
언제, 어디 있든 들뜨죠.
보고 싶다는 느낌, 마음은 한 점을 향해있어요.
만날 생각을 하면 두근거려요.
이 시간은 틀림없이 행복합니다.
다시 만날 수 있는 기쁨의 준비 기간이기도
하고요.

Tomy's Voice

089

호불호

좋아하는 마음에는
싫어하는 마음이
요동치는 것도 포함됩니다.

좋아하기도 하고 싫어하기도 할 때엔,
충분히 관심이 있는 겁니다.
생각할 것도 없어진다면
좋아하지 않게 될 거예요.

Tomy's Voice

090

회상

과거를 회상할 때,
좋은 추억만 떠올리면 좋아요.

시간은 한정되어 있으니 일부러 싫은 기억을
떠올리기는 아깝습니다.
싫은 일이 생각날 것 같으면
바로 좋은 추억을 꺼내세요.
저는 그런 '좋은 추억 리스트'를 마음속에
준비하고 있거든요.

Tomy's Voice

091

변화

**뭔가를 크게 바꾸려고 할 때,
처음에는 대개 결과가
마이너스가 됩니다.**

지금까지의 방식에 익숙한 사람이
떠나니까요.
새로운 방식이 훌륭하다고 해도
성과가 나오는 데는 시간이 걸립니다.
그동안 축을 흔들지 말고
침착하게 지켜보는 것이 중요해요.
괜찮으니까요.

Tomy's Voice

092

이질

**세상에는 나와 절대 맞지 않는
사람이 있습니다.**

그건 좋고 나쁨의 문제가 아니라
서로 이질적인 존재이기 때문입니다.
그러니 가급적 접촉하지 않는 것이 좋습니다.
맹수가 습격하지 않도록 설득하는 것보다,
맹수가 있는 곳에 접근하지 않는 것처럼요.

Tomy's Voice

093

상대

**만남의 요령이라는 게 있습니다.
그것은 '멋진 상대를 찾자'라고
의식하지 않는 겁니다.**

연인이든 친구든 스승이든,
눈앞의 사람과 있는 것을 즐기고 만나기를
거듭하다 보면
결과적으로 멋진 관계가 됩니다.
관계는 찾아서 붙잡는 것도 아니고,
잡은 관계라고 하더라도 곧 도망갈 거예요.

Tomy's Voice

094

방법

남의 사정 같은 건
알기 힘들기에,
타인의 의견은 기본적으로
빗나갑니다.

하지만 생각하는 방법을 많이 알면,
타인의 의견이 빗나가도
편하게 받아들일 수 있습니다.
남의 의견은 받아들이기 위해
물어보는 거예요.
상처받기 위해서가 아니라요.

Tomy's Voice

095

조절

인생에서 제일 어려운 건
조절하는 것입니다.

너무 많이 하면 안 돼요.
반대로 아예 안 하는 것도 안 됩니다.
여러 가지에 대응하는 각자의 조절 방법이
있습니다.
그리고 때와 상황에 따라 조절은
또 달라집니다.
하지만 조절하는 법에 대한 교과서는 없어요.
우리는 스스로 찾아야 합니다.
하지만 여기에 인생의 맛이 있죠.

Tomy's Voice

096

자격

당신은
행복해질 자격이 있습니다.
당연하죠!

그건 그냥 스스로한테 주는 자격이에요.
누군가에게 받는 게 아닙니다.

Tomy's Voice

097

제멋대로

사람은 제멋대로 되는 경우가 있어요.

성급하거나, 궁지에 몰린 상황에서라면,
어떤 사람이든지 제멋대로 되기 마련이에요.
물론 그렇게 되면 안 되겠지만,
인간은 완벽하지 않기 때문에
제멋대로 된 순간만을 보고 나쁜 생각을 하면
인간관계가 좁아져 버려요.
제멋대로인 모습과 본래의 인간성은
좀 다른 거죠.

Tomy's Voice

098

동시대

멋진 시간을 보낸 상대라도
함께 살 수 없으면 추억이 되고,
점점 더 과거로 흘러가고,
기다리면 기다릴수록 멀어집니다.

'같은 시간을 살 수 있다.'라는 건
정말 멋진 일이에요.

Tomy's Voice

099

호감

사람은 이성이 아니라 감정으로 움직입니다.

싫어하는 사람을 위해서는 움직이지 않고,
불합리해도 좋아하는 사람을 위해서는
기꺼이 움직이죠.
웃는 얼굴이나 배려로,
호감인 사람을 목표로 하는 것은
사실 사람을 움직이는 지름길입니다.

Tomy's Voice

100

협박

이해되지 않는데,
상대의 기세에 눌려
친절하게 대해 버리는
경우가 있지요.

이런 본의 아닌 친절은 부드러운 협박입니다.
상대방은 성장하고,
자신은 싫은 기분이 듭니다.
사소한 일이라도 해주지 말고 거절하세요.
어떻게 하든 상대방을 위한 것이기
때문이니까요.

Tomy's Voice

101

참뜻

"될 대로 되라!" 이렇게 외치고
정색하니 편해졌어요.
환자분이 말씀하신 겁니다.

저는 감탄했습니다.
"아, 이거야말로 능숙하게
내려놓는 방법이네."
자신이 아는 범위를 최소화하는 것.
이것이 "될 대로 되라!"의 참뜻입니다!

Tomy's Voice

102

안목

아무리 훌륭한 사람이라도
평생 훌륭할 수는 없습니다.

어쩔 수 없는 시기는 누구에게나 있어요.
오랫동안 알고 지내온 사람이라면,
'위험하네.' 싶은 말과 행동이 있어도,
장기적으로 살펴보세요.

Tomy's Voice

103

노래

‘자연스럽게 듣던 노래의
가사가 와닿는다.’
제가 힘들 때 생각하던 거예요.

건강해지면 와닿지 않게 되니 신기하지요.
노래는 필요할 때는 그 의미를 전달하고,
필요 없을 때는 조용히 해줍니다.

Tomy's Voice

104

비판

남을 비판할 때
생각을 고쳐보세요.
'나도 비판받을 만한 시기가
있지 않았나?'

그래요, 누구에게나 미숙한 시기는 있습니다.
당신이 하려는 건
상대방의 나쁜 시기만을 꺼내어
단정 짓고 있는 행위일지도 몰라요.
사람은 좋게도 나쁘게도 변합니다.
단호히 결론 내리지 말고, 넘어가도록 해요.

Tomy's Voice

105

그대로

**인간관계는 결과론입니다.
지금의 형태가 그 사람과의
관계예요.**

과정이나 경위는 크게 상관없습니다.
크게 싸워도 다시 연락 오는 사람은 오고,
크게 싸우지도 않았는데 다시는 연락이
오지 않는 사람도 있습니다.
좋든 나쁘든 있는 그대로의 관계를
즐기면 돼요.

Tomy's Voice

106

유쾌불쾌

불쾌한 감각을 가지기 쉬운 사람은,
기분 좋은 감각으로
대체해 보는 게 좋아요.

예를 들어,
마스크를 쓸 때, 답답하다고 느끼는 사람은
"입이 따뜻해진다."라고 대체해 볼 수 있어요.
밖의 추위로부터 입을 보호하는 느낌이거든요.
그러면 어떻게든 불쾌한 감각이
조금 줄어들 거예요.
쾌감과 불쾌감은 동시에 느끼기 어렵기 때문에
대체하는 것이죠.

만화로 보는
Tomy
결점이란…
이거 틀렸잖아!
네~ 에
저 사람 혼나고 있는데도 항상 반성하지 않네…
결점이 없는 사람 같은 건 없습니다.
돈마인… (*Don't mind…)
다음엔! 조심해야지!
태연
찌릿
결점이란, 조건으로서 흠인 것뿐이죠…
깨진 찻잔도 하나의 묘미죠.
그렇죠
인간으로서 마이너스라고는 할 수 없는 거예요.
너는 항상 긍정적이네!
그런가요!? 에헤헤
부러워~

CHAPTER

3

무례한 사람은 가까이하지 않기

Tomy's Voice

107

이유

잘 풀리지 않을 때는
대개 뭔가 이유가 있는 겁니다.

무리하는 것보다
시야를 바꿔보거나 그대로 상황을
지켜보는 편이 좋아요.
당신이 바라는 것이 진정한 목표라고
단언할 수는 없으니까요.

Tomy's Voice

108

용기

용기가 나지 않을 때는
억지로 용기 내지 않아도 됩니다.

뭔가 걸리는 게 있으니까
용기가 안 나는 거겠죠.
두려움도 중요해요.

Tomy's Voice

109

시차

뭔가 싫어졌을 때,
정말 그게 싫다기보다는
기분 나쁘다는 감정이 먼저 있고,
그걸 뭔가에 대입하고 있을
수도 있습니다.

시간이 조금 지나면 싫은 기분이 가라앉아서,
그것이 그다지 싫지 않을 수도 있습니다.
조금 지켜보는 것도 중요해요.

Tomy's Voice

110

인연

그대가 다시 내 마음속 문을 열면, 내 마음은 영원히 그대를 품게 될 것이다.

타이타닉 영화의 주제곡인 <My Heart Will Go On>의 가사를 보고 생각한 겁니다.
사랑하는 사람과의 인연이 멀어져도
서로의 마음은 계속해서 이어질 수 있습니다.
만남의 힘은 이렇게 큽니다.
자꾸 인연을 끊어 버리면, 언제까지나
나의 마음은 텅 비어있을 뿐입니다.

Tomy's Voice

111

괜찮음

스트레스를 받을 때는
지금까지 이겨낸 더 힘든 시기를
떠올려 보세요.

그렇게 어려웠는데도 괜찮았다면,
이번에는 더 괜찮을 거니까요.
누구에게든 "되는 대로 되게 하기"
능력이 있기 때문이에요.

Tomy's Voice

112

운명

운명적인 사람이 있다면
“세상의 색을 변화시켜 주는
사람”이라고 생각해요.

또한, 어떤 면에서는 타이밍이 맞는
사람이기도 하죠.
하지만 운명적인 사람에게 집착하면
만나지 못할 수도 있어요.
자연스럽게 만나는 것이 좋아요.

Tomy's Voice

113

불안

'나는 앞으로 어떻게 될까.'라는 불안감은 당신뿐만 아니라 모두가 안고 있는 겁니다.

인간의 근원적인 불안 같은 거지요.
그러니까 어떻게든 괜찮아질 거예요.
불안하든 말든 결과는 변하지 않으니까요.

Tomy's Voice

114

영원

영원한 건 없다는 사실은
누구나 아는 비밀입니다.

하지만 저는 지금껏 살아오면서
또 다른 비밀을 발견했습니다.
세상에는 영원한 것이 없지만
내 안에는 영원한 것이 있다는 사실이요.
영원하다고 생각되는 순간이 있다면,
그건 영원한 거예요.
내 마음속에 계속 남아있을 테니까요.

Tomy's Voice

115

무례

무례한 사람은 가까이하지 마세요.

공손한 사람 중에도 나쁜 사람은 있지만,
무례한 사람은 틀림없이 나쁜 사람이니까요.

Tomy's Voice

116

표면

'나를 잘 보여주고 싶다.'라는 마음은 버리는 것이 좋다고 생각합니다. 당신도 편해지고, 의외로 좋은 평가도 받을 거예요.

물론 겉모습으로만 판단하는 사람도 있지만, 그런 사람에게 평가받으려 하는 건 멍청한 승부에 휘말릴 뿐 별로 의미 없습니다. 예외는 연애 초기쯤이겠죠.

Tomy's Voice

117

신용

남에게 신뢰받고 싶다면
묻지도 않았는데
자신을 내세우는 발언을
일절 하지 마세요.

평가는 상대방이 하는 거니까요.
가장 하지 말아야 할 말은 "믿어주세요."예요.
그런 말을 하는 사람은 상당히
주의해야 해요.

Tomy's Voice

118

긍정

자기 긍정이란 중요한 거죠.
그러나, 변명하거나
정당화하는 게 아니에요.

나에게 일어난 일, 나의 좋은 점,
부족한 것 모두를
나의 인생으로 그대로
받아들여 보는 거예요.

Tomy's Voice

119

에너지

**사소한 괴롭힘은 무시하세요.
상대가 별거 아닌데 당신까지
움츠러들 필요는 없습니다.**

참을 수 없을 정도로 괴롭힘이 커진다면
그때 크게 화를 내면 됩니다.
에너지는 필요할 때만 사용하세요.

Tomy's Voice

120

시기

생각한 대로
되지 않는 시기도 있죠.

하지만 그것은, 생각한 대로 되는 시기에
그 기쁨을 맛보기 위해서 있답니다.
헛되이 보낸 것은 없어요.

Tomy's Voice

121

급류

내가 남들보다 못하다고
기죽지 않아도 됩니다.

급류 속을 거슬러 헤엄치다 보면
속도는 느려지는 게 당연해요.
급류가 남들에게는 보이지 않을 뿐이죠.
당신은 열심히 하고 있으니까,
그것만으로 훌륭해요.

Tomy's Voice

122

싫어함

남을 싫어하지 않는 연습을 해보세요.

어떤 사람에게나 좋은 점은 있는 법이니,
싫어하는 사람이라도 좋은 점을 하나는
찾도록 하는 겁니다.
사람을 싫어하는 행위 자체가
스트레스가 되기 때문에,
사람을 싫어하지 않는 연습은
의미가 있답니다.

Tomy's Voice

123

진실

많은 사람이 하는 말이
항상 진실인 건 아니에요.
당신의 진실은 당신 안에
있어요.

그걸 알고 있으면, 조용히 있는 편이
좋을 때도 있습니다.
타인은 타인이고, 자신 안의
진실만이 보일 수 있으니까요.

Tomy's Voice

124

방황

안 풀리는 시기는
사실 즐거운 겁니다.
어떻게 바꾸면 좋아질지
방법을 생각할 수 있으니까요.

자신을 천천히 돌아볼 수 있는
좋은 시기이기도 하지요.
바쁜 시기는 급류에 휩쓸리는 것과 같아서,
자신을 돌아볼 여유도 없으니까요.
고요하게 떠다니는 시간도 필요합니다.

Tomy's Voice

125

답답함

**불안이나 열등감 등
부정적인 기분을
해결하기 위해서는
'마주하지 않는' 것도 좋습니다.**

억누르지도 않고, 마주 보지도 않고,
그 근처에 두고 공존하는 겁니다.
답답한 감정도 당신의 삶이나 개성의
향신료 같은 거니까요.

만화로 보는
Tomy
참는다는 건…
목적
하지만 저기까지 갈 때까진 참는다!!
쉬고 싶어…
참지 않는 방법은 '목적까지의 과정'으로 여기지 않는 겁니다.
다이어트라면 필요한 운동을 즐겨요.
살을 빼기 위해
몸을 움직이는 상쾌함
기분 좋아!
예.를.들.어
참고 있다는 것 자체를 즐겨요
즐길 수 없다면 즐길 방법을 찾는 걸 즐기는 거예요
이걸 시험해볼까― 아, 이것도 해보고 싶어!
식단 구상을 즐겨요.
샐러드 치킨이라면 고단백 저칼로리!
맛있어―

Tomy's Voice

126

마일리지

신뢰를 쌓는 건
오랜 기간 쌓아온
'마일리지' 같은 거예요.
관계성의 문제가 아닙니다.

친구니까, 가족이니까, 잘 아는 사람이니까
믿을 수 있는 게 아니에요.
'믿음 마일리지'를 보세요.
'믿음 마일리지'를 쌓으세요.

Tomy's Voice

127

만회

인간이란,
마지막 인상이
기억에 남는 법이지요.

여러 가지 일을 저질렀더라도,
마지막에 되감으면 돼요.
즉, 언제든지 만회 가능하다는 뜻이에요.

Tomy's Voice

128

무의식

정신적인 상태가 안 좋으면
무의식적으로 할 수 있었던 일도
무의식적으로 하지 못할
가능성이 높아져요.

때에 따라 호흡하는 방법을
알 수 없게 되는 증상도 생기고요.
이럴 때는 무리하지 말고 정신과 진료를
생각해도 돼요.
"생각하지 않고 일을 할 수 있는" 것은
뇌가 방대한 정보처리를 해주고 있는
덕분이니까요.

Tomy's Voice

129

동료

사람은 인생을 즐기고 있는 사람과 함께하고 싶다고 생각하는 법입니다.

그러니 동료를 원한다면,
동료가 없어도 인생을 즐길 수 있는
정도의 마음가짐으로 있어야 해요.

Tomy's Voice

130

바람

**뭔가를 강하게 원하면,
오히려 다른 선택지가
보이지 않습니다.**

그렇기 때문에,
"가능하면 이렇게 되면 좋겠다." 정도로
조금 느슨하게 바라는 것이 좋아요.

Tomy's Voice

131

잃음

사람은 소중한 것을
잃을 수 있습니다.

"왜 잃어버렸을까."하는 후회도
당연히 생길 테죠.
하지만 누구나 인생을 살며
소중한 것을 잃어버립니다.
당신만 터무니없는 실수를 해서,
보통은 잃지 않는 걸 잃은 게 아니에요.
'잃는다.'라는 건 보편적인 거예요.

Tomy's Voice

132

오해

오해를 받으면
정정하고 싶어지지요.

그런데 정정함으로써
오히려 오해를 더 받을 수도 있으니
때에 따라 내버려 두는 게 좋을 수도
있습니다.
오해받으면 곤란한 사람에게만
오해를 풀면 돼요.
'오해하는 것도 자유지.'라고 생각하면
좀 개운해질 거예요.

Tomy's Voice

133

소거법

하고 싶은 것을 모를 때는
소거법으로 선택하면 됩니다.

1. 소중한 사람을 해치지(또는 상처입히지) 않는 것
2. 아무한테도 민폐 끼치지 않는 것

이것만 지키면 되죠.

Tomy's Voice

134

짜증

상대방의 행복을 빌면
나도 편안한 마음이 들겠죠?

이걸 활용해서,
짜증이 난다면 누군가의 행복을 빌면 됩니다.
부정적인 감정을 발산하지 않아도
짜증을 풀 수 있어요.

Tomy's Voice

135

멀리

**싫은 일이 있을 때는
시점을 멀리 가져가면 좋습니다.**

특히 사소한 것이라는 사실을
알고 있을 때는 더욱이요.
예를 들어, 조금 전 직장에서 혼나 풀이
죽어있다면, 5년 후의 자신을 상상해 봅시다.
아마 별 상관없이 잘하고 있거나,
이런 일이 있었던 것조차 잊고 있을 거예요.
그렇죠?

Tomy's Voice

136

선택

인생의 선택에서 고민이 많다면 “어떤 것이든 상관없어.”라고 생각해 보세요.

한쪽 선택지가 분명하게 좋았다면
고민하지 않았을 거예요.
당신은 지금까지 고민했잖아요.
지금 생각할 수 있는 것 중에는
어느 쪽이든 괜찮다는 겁니다.
어느 쪽을 선택해도 후회할 일은
없을 거예요.

Tomy's Voice

137

순간

인생에는 성공도 실패도
없습니다.
단지 순간을 거듭해
나갈 뿐이지요.

그렇다면 더 좋은 순간을 더 많이 보내세요.
당신이 가장 사랑하는 사람들과 함께요.

Tomy's Voice

138

다정함

타인이 다정하게 대해주면
눈물이 날 때가 있지요.

"주변에 그런 사람이 없다."라고 하지 마세요.
그렇다면 다정하게 대해질 때의 소중함을
아는 당신이 누군가에게 잘해주면 돼요.
상대방이 우는 것을 보고, 당신도 울면 돼요.
다정함도 전염되니까,
당신이 퍼뜨리면 되는 거예요.

139

손해

'손해 보고 싶지 않다.'라는 생각을 버립시다.

모든 것은 연결되어 있고,
언젠가는 플러스로 이어질 거예요.
하지만 '손해 보고 싶지 않다.'라는 생각이
너무 강하면, 마이너스인 지점에서
일을 구분해 생각하는 버릇이 생기지요.
결국 '손해 보고 있다.'라는 생각이
강해져 버려요.
'손해 보고 싶지 않다.'라는 마음이
손해입니다.

Tomy's Voice

140

따로 같이

누군가와 놀러 간다고 해서 항상 같은 행동을 할 필요는 없습니다.

각자 좋을 대로 행동하고,
어딘가에서 만나면 돼요.
이것만으로도 충분히 즐거울 거예요.
인생을 함께 걷는 것도 마찬가지입니다.
항상 같이 있지 않아도 돼요.
어딘가에서 만난다면,
충분히 함께 걸어가고 있는 거예요.

Tomy's Voice

141

쉼

**앞이 보이지 않을 때는
그날 하루를 열심히 즐기고
휴식을 취해보세요.**

내일은 내일의 바람이 불게 될 거예요.
이건 언제나 같은 이치입니다.

Tomy's Voice

142

정지

이것저것 생각하면
불안도 고민도 끝이 없어요.

막다른 골목길에 다다랐다면,
"하지만, 지금은 문제없어."라고 중얼거리며
정지하세요.
확정된 것 말고는 준비할 필요 없어요.

Tomy's Voice

143

요구

친절하게 대해주면 요구가
늘어나 불만을 더 늘어놓는
사람도 있어요.

그래도 도움을 받고 정말 감사해하는
사람들도 많아요.
불만을 표하는 사람은 어느 정도 있는 거라고
받아들이고 내가 할 수 있는 친절을
보여주면 돼요.
다만, 친절은 자신의 속도로 보여주는 게
중요하며, 표현하는 것이지,
상대의 요구에 응하지 않아도 됩니다.

Tomy's Voice

144

재미

'즐거운 일을 하며 살아간다.'
라는 건 항상 즐겁지만은 않아요.

계속해서 즐거운 일만을 하다 보면
다양한 아이디어가 부족해져서
재미없어질 수도 있죠.
그러므로 '남에게 도움이 되는 일을 하며
살아가는' 것이 더 즐겁다고 생각해요.
남에게 도움이 되면,
누군가 기뻐할 테니까요.
그것이 재미있어지면, 스스로 즐거움을
만들어 낼 수 있게 됩니다.

Tomy's Voice

145

신념

당신이 멋진 일을
계속한다고 해서,
즉각적인 결과가 나오지는 않아요.

하지만 언젠가는 결과를 얻게 될 거예요.
그때까지 당신이 진정으로 멋지다고
믿어줄 수 있는 사람은 당신 자신뿐이에요.
믿음도 힘이 되는 거죠.

"결혼 후에 남편이 동성애자인 것을 알았습니다"

결혼 후 남편이 동성애자라는 사실을 알게 되어 여러 일이 있었지만, 어떻게든 이혼하지 않고 부부생활을 계속하고 있습니다. 남편은 성적 대상은 남성이지만, 여성에게도 연애 감정을 느낄 수 있다고 합니다. 또 성관계는 여성과도 할 수 있지만, 남성을 더 좋아하는 것 같습니다. 앞으로 어떻게 하면 좋을까요? (30대 여성)

당신 나름대로 내린 답으로 좋습니다!

섹슈얼리티 문제는 개인차가 있고, 분명 그런 분이 있어도 이상하지 않을 거로 생각합니다. 문제는 당신이 그렇게 살아갈 수 있느냐는 거죠.

당신 관점에서 석연치 않은 것이 있다면 추궁해서 어떻게 할지 생각해야 하고, '그래도 될까.'라고 생각한다면 그래도 되는 거예요.

남에게 물어봐도, 남들 나름대로의 대답밖에 나오지 않습니다.

당신이 고민하고 결정한 것이라면, 잘되지 않았더라도 후회하지 않을 것입니다. 그리고 세상 사람이나 누군가의 의견에 따라 결정한 것이라면, 문제가 없었더라도 후회할 것입니다.

그리고 답이 나오지 않을 때는 일단 내버려 두는 것도 중요해요. 급하게 답을 찾더라도, 만족스럽지 않을 겁니다. 그리고 인간관계는 예상할 수 없는 것이기 때문에, 처음에는 형태가 정해지지 않아도 놓아두면 숙성되기도 하고요.

또, 얼마든지 남편과 이야기해 보세요. 그가 당신과 어떤 형태의 관계성을 만들고 싶은지 확인해 두는 것도 중요하지요.

부부에게는 여러 형태가 있다고 생각하고, 헤어지는 것도 포함해 당신이 이해할 수 있는 답을 찾으면 된다고 생각해요. 어떻게 하는 게 좋을지, 당신이 정한 대로 하면 돼요.

Tomy's Voice

146

지난날

당신이 실패하고 싶지 않아서 시행착오를 겪으며 열심히 한 결과라면,
원하는 대로 되지 않아도 그것은 성공이에요.

그 이상의 일은 할 수 없었으니까요.
이미 지나간 일이라고 생각하세요.

Tomy's Voice

147

무욕

무언가를 원하지 않으면
불만 역시 생기지 않습니다.

자신의 마음을 충족시킬 수 있는
최소한의 물질만을 소유하고
그 이상의 욕심을 내지 않고
살아간다면 마음은 자유로워집니다.
욕심은 부리면 부릴수록 괴로워지니까요.

Tomy's Voice

148

중단

답을 내야 하는데,
바로 답이 떠오르지 않을 때는
'중단'하세요.

컨디션이나 타이밍에 따라 원래 바로 결단할 수 있는 것을 못 하는 경우가 있으니까요.
그럴 땐 버텨도 결국 후회할 거예요.
5분 만에 답이 나오지 않는 고민은 일단 중단하세요.

Tomy's Voice

149

기대

상대방의 기대에 전혀
부응하지 않아도 됩니다.
그저 '이런 선택지도 있다.'
이런 식으로 생각해 두세요.

그 선택지를 내가 해보고 싶다면
하는 겁니다.
그렇지 않다면 안 하는 거예요.
우연히 상대방이 기대한 바였다고 해도,
기대에 부응한 게 아니라 선택한 것일
뿐이에요.

Tomy's Voice

150

감정

모든 감정은 시간이 지나면 진정되어 갑니다. 부정적인 감정뿐만 아니라 긍정적인 감정도요.

'좋아한다', '원한다'라는 마음도
시간이 지나면 식습니다.
첫눈에 반하기 쉬운 사람,
충동 구매하기 쉬운 사람은
기분이 들떠 있을 때일수록 진정해야 해요.

Tomy's Voice

151

멀어짐

좋아하는 일인데
잘 안되어서 힘들 때는
일단 '좋아하는 것'에서
멀어져 보면 어떨까요?

사실은 좋아한다고 생각하고 있던 일이 실제론 좋아하지 않은 일일 수도 있고, 좋아했지만 지금은 그렇지 않은 일일 수도 있어요.
인간뿐만 아니라 사물에 대한 마음도 변화해 가는 거예요.

Tomy's Voice

152

흑역사

흑역사 같은 건 없어요.
모두 당신의 훌륭한 역사입니다.

만약 문제가 있다면,
과거의 자신을 신뢰하지 못하고
흑역사로 분리하고 싶은 마음인 거죠.
모든 역사가 당신을 형성하고 있으니
부끄러운 일은 없어요.

Tomy's Voice

153

행복

**일상은 매일 반복되고, 지루하고,
확실한 것으로 느껴집니다.**

하지만 실제로는 작은 일로
깨질 수도 있는 덧없는 것이지요.
그리고 자신의 소중한 거처는(또는 있을 곳은)
인생 그 자체입니다.
일상의 당연함을 소중히 여기는 것이
큰 행복으로 이어지게 되지요.

Tomy's Voice

154

내 편

**상대가 우울해할 때,
꼭 재치 있는 말을 해줄 필요는
없습니다.**

옆에 있어 주고 싶은 당신의 마음이
최고의 약이에요.

Tomy's Voice

155

무시

사람들에게 의존하는 것이
어려운 사람들은,
자신이 해야 할 일,
자신만이 할 수 있는 일에
집중하고 나머지 일은
"무시하는" 게 좋다고
생각해요.

의지하는 대신 무시하는 것이죠.
자신만이 할 수 있는 일에 집중하는 것은
모두를 위해서이기도 하니까요.

Tomy's Voice

156

역설

사랑받기 위해서는
'누구에게도 사랑받지 않아도
좋아.'라고 생각하는 것이
좋습니다.

역설적이게도 그렇게 생각하는 사람이
멋있고 사랑스러워 보여요.
그 누구에게도 기대거나 집착하지 않고
잘 살아가는 사람들을 보고
그렇게 생각했습니다.

Tomy's Voice

157

정답

자신의 선택이 정답인지
오답인지는 중요하지 않아요.
그것이 긍정적인 것인지
부정적인 것인지만 중요하죠.

그리고 다른 사람은 긍정도 부정도
할 수 없습니다.
당신이 긍정하지 않는다면
누가 긍정하겠어요.

Tomy's Voice

158

운

운은 처음부터 기대하면 없어지는 겁니다.

'할 수 있는 만큼 노력하고, 나머지는 운에 맡기는 수밖에 없다.'라고 생각하는 사람이 운을 자신의 편에 둘 수 있습니다.
'운이 좋으니까, 이 정도로 어떻게든 되겠지.' 라고 생각하면 안 돼요.
운에도 마음이 있습니다.
열심히 한 사람, 누군가에게 도움이 되고 싶은 사람을 응원하고 싶어 해요.

Tomy's Voice

159

기준

모두가 좋다고 생각하는 것이
좋은 것은 아니에요.
모두가 나쁘다고 생각하는 것이
나쁜 것은 아니에요.

언제나 자신의 기준을 마음에 두고,
자신의 눈으로 보세요.
지금은 정보가 너무 많아서,
오히려 자신의 기준이 필요한 때예요.

Tomy's Voice

160

고독

각각의 인생이 있고,
모두가 힘들고 고민하며
살아가는 건 사실이에요.

그리고 그 사람에겐 그 사람만의
마음이 있어서, 다른 사람은 그 마음을
이해할 수 없어요.
다들 고독 속에서도 노력하고 있는 거예요.
그렇기에 모두를 존경하게 됐고,
인간의 존엄성이란 바로 그런 것이라고
생각했죠.

161

겸손

'쓸모없는 사람이라고 생각될까 봐 걱정이에요.' 그렇게 생각하는 당신은 자신을 잘 돌아보고 있는 겁니다.

아니, 너무 지나치게
자신을 돌아보는 편이에요.
쓸모없을 리가 없잖아요?
오히려 그 반대지요.
자신만만한 사람이나 '나는 사회에 보탬이
되고 있어.'라고 생각하는 사람.
이쪽이 훨씬 좋지 않아요.

Tomy's Voice

162

승패

승자라든가 패자라고 생각하면
지는 겁니다.

인생은 이기거나 지는 것으로 대답하기에는
너무 거창해요.
그리고 길지요.
얼마든지 성대하게 이기고
성대하게 져도 괜찮아요.
조금 초라해 보여도 괜찮아요.

Tomy's Voice

163

일단

서둘러봤자 당신의 고생이,
당신의 고민이
빨리 해결되는 게 아닙니다.

피곤한 타이밍에는 잠깐 쉬세요.
일단은요.

Tomy's Voice

164

특기

막혀 있을 때는,
대체로 서툰 곳에서 막히고
있는 것이지요.
이럴 때는 잠시 하고 싶은 걸
해보세요.

오래도록 즐겁게 할 수 있는 것을요.
자신이 못하는 걸 싹 날려버리고,
잘하는 걸 늘리면 돼요.
자신감 잃을 필요 없어요.

Tomy's Voice

165

평가

자신의 삶의 가치 판단은
자신만이 할 수 있는 것이에요.

일이나 성적 같은 것과는 별개죠.
타인의 평가는 의미가 없어서,
이미 일어난 일은 부정하지 않아도 돼요.

만화로 보는
Tomy
받아들일 수 없는 사람이란…
쉽게 받아들이기 힘든 사람과 함께 지내야 하는 처지가 되었다면…
오늘은 잘 부탁해
켁
이 사람은 우주인이다!!
차라리 상대를 우주인이라고 생각하는 편이 좋아요.
우리는…
좋고 나쁨이 아닌 문화… 아니, 문명이 다른 정도의 사람이 바로 옆에 있는 셈이죠.
내가 어릴 땐 말이야, 이런 건 상상도 못 했어…
하아…
자네도 조심하는 게 좋을 거야!
이해하려 하기보다…
말씀하신 것 말인데 지금은 이런 시대고요!!
공통언어를 찾는 정도의 기대감만 가지는 정도가 스트레스가 없을 거예요
…뭐, 통하지 않으니까 괜찮은가
그렇지!?
그렇네요…

CHAPTER

4

뜻대로 되지 않는다는 건 멋진 일이다

Tomy's Voice

166

소중히

**소중한 사람은 당신이
그렇게 여기기 때문에
소중한 사람인 거예요.**

상대를 중요하게 여기지 않으면서
본인은 소중하게 여겨지고 싶다고
생각한다면,
당신에게 가까운 사람이 생길 리 없어요.
사랑은 상대방을 항상 소중하게 대하며,
진실하게 관리되어야 하니까요.

Tomy's Voice

167

희생

가끔 다른 사람을 통해
자신의 꿈을 이루려는
사람이 있지요.

"네가 ○○하면 좋겠다."라는 말은
처음에는 친절하게 들릴 수 있지만,
그렇게 친절하지는 않아요.
우리는 다른 사람의 꿈이
필요하지 않거든요.

Tomy's Voice

168

뜻대로

뜻대로 안 된다는 건
멋진 일입니다.

우리가 소원이나 희망을
품을 수 있다는 뜻이기 때문이죠.
또, 나는 어떤 사람인가를
느낄 수도 있고요.
만약 모든 것이 뜻대로 된다면,
진짜로 살아가고 있다는 느낌을
받을 수 없을 테죠.
현실이 꿈이나 이야기와
다를 바 없어지니까요.

Tomy's Voice

169

어른이

이유 없이 스트레스가 쌓인다면, 어릴 적의 일을 떠올려 보세요.

과자도 먹고, 쿵쾅쿵쾅 뛰기도 하고,
만화를 몇 번이고 다시 읽고.
그런 것만으로 충분히 즐거웠던 그 시절이요.
어른이 되면 우리는 걱정할 것이 너무 많아
스트레스만 쌓이곤 하죠.
그러니 마음속을
어렸을 때처럼 만들어 보세요.

Tomy's Voice

170

주관

주변의 의견을 따르는 게
편해 보이지만,
사실은 그러지 않는 게
더 편합니다.

주변의 의견을 따라서 잘 안되면
찝찝하지만,
스스로 결정한 것이 잘 안되면
이해할 수 있으니까요.

Tomy's Voice

171

족쇄

자신이 지켜야 할 것이
적을수록 좋아요.
심지어 없어도 상관없어요.

왜냐하면, 지켜야 할 족쇄가 많을수록
삶은 팍팍해질 수밖에 없어요.
'지켜야 할 것이 있다.'라고 하면
멋있어 보이지만,
거기에 묶여 유연하게 살 수 없게 되면
의미가 없습니다.

Tomy's Voice

172

목소리

**문제점은 아무 말도 하지 않는
사람들이 자주 가지고 있어요.**

정말 문제를 품고 있는 사람은
목소리를 높일 여유도 없으니까요.
그러니까 푸념도 불평도 안 해본 사람일수록
신경 써주세요.
그런 사람은 갑자기 무너지고 말아요.
나중에 손을 댄다 해도
이미 늦었을지도 모르고요.

Tomy's Voice

173

구멍

정말 힘들 때는
마음에 구멍이 뚫린 것 같아요.
그러면 알 수 없는 사람들이
다가오는 경우가 있어요.

특히 "그냥 나한테 맡기면 돼."라고
말하는 사람은 조심하세요.
나도 모르게 뚫린 구멍으로 침입당해
납치되지 않도록,
적어도 스스로 생각해서 대처해야 해요.

Tomy's Voice

174

등가

지위나 나이가 다른 사람과 교류할 때는 "감정의 등가성"을 의식하는 게 좋아요.

선물하거나 한턱낼 때,
똑같이 갚지 못해도 감사하는 마음을
자신만의 방법으로 표현하면 돼요.
감사나 배려가 동등하다면,
관계는 잘 유지될 거예요.

Tomy's Voice

175

꿈

꿈은 깨지지 않습니다.

찢어져도 바느질하면 되고,
이어 붙여도 괜찮아요.
일단 꿈을 꼭 잡아두고,
스스로 만족할 때까지
적절한 모양으로 만들면 돼요.
당신이 깨버리지 않는 한,
꿈은 깨지지 않고 그대로 있어요.

Tomy's Voice

176

비관

**사람은 '자신이 실패하기 쉽다.'
라는 생각을 하기 쉬워요.**

시도할 때는 성공할지 실패할지
모르기 때문이에요.
하지만 주변 사람들은 당신이 실패한 뒤에
"○○했으면 좋았을 텐데."라고 말할 수 있겠죠.
그래서 주변 사람들이 더 정확해 보일 수 있어요.
당연한 일이니까 낙담하지 않아도 돼요.
주변인들은 단면만 보여서 쉽게 말할 뿐
모든 노력, 땀 흘린 사실은
본인만이 아니까요.

Tomy's Voice

177

슬럼프

뭘 해도 잘 안되는 시기를
슬럼프라고 하지요.

저에게는 슬럼프가 곧 번데기 시기입니다.
방법을 바꾸거나 새로운 것을
만들어 내는 것이 바로 번데기 시기랍니다.
번데기는 움직이지 않지만,
안에서 다이나믹한 변화가 생기고,
머지않아 나비가 될 테니까요.
마음 놓고 번데기 상태를 즐겨보자고요.

Tomy's Voice

178

논쟁

논쟁은 답을 찾는 사람들끼리 하는 겁니다.

답을 바꿀 생각이 없는 사람들끼리는 대화해도 시간 낭비일 뿐이에요. 상대방이 그런 사람이라고 생각되면, '네가 옳다.'라는 시늉을 해서라도 슬그머니 떠나가는 게 좋아요.

Tomy's Voice

179

회고

"과거만 돌아보지 마라."라고
하지만,
어느 정도 나이를 먹으면
과거의 추억이 가득 차게 되니까
둥실 떠 있는 것도 괜찮아요.

향수병도 별거 아니에요!

Tomy's Voice

180

싫음

**싫은 일이지만, 싫다고 말할 수 없는 일이 있지요.
자기중심적인 거나,
입장상의 문제 등 말이에요.**

그럴 때는 '나는 이게 싫지 않아.' 이런 식으로
무리해서 생각하지 않아도 괜찮아요.
마음속으로, 자기 방 안에서,
"사실 싫어!"라고 외치면 돼요.
그렇게 답답함을 터트려 놓는 거죠.

Tomy's Voice

181

음미

그 순간은 다시 얻을 수 없는 것이에요.

똑같은 일을 하고 있어도 그 사람하고만,
그 시절에만, 그 순간에만 맛볼 수 있는
분위기라는 게 있어요.
우리는 한 번밖에 얻을 수 없는
값진 순간들을, 계속해서 받으면서
살아가고 있어요.
현재 이 순간을 음미하며 값지게 생각하며
살아가는 것도 중요해요.

Tomy's Voice

182

급소

사람에게는 건드리면 안 되는 부분이 있어서, 거기에 들어가면 사귀기 어려운 사람이 될 수도 있습니다.

그래도 평소에 괜찮은 사람이었다면
그 부분은 봐주고(그래도 잊지 않고!) 사귈 수도
있다고 생각해요.
사람이니까요~
자신에게도 그런 부분이 있을 수 있고요.

Tomy's Voice

183

모순

다른 사람의 행동을 바꾸려 할 때 상대방을 부정하는 말은 필요하지 않아요.

오히려 부정적인 말을 하면 따라오던 사람도 떠나버릴 수 있어요.
문제를 지적하는 것은 좋습니다.
하지만 상대방을 부정해서는 안 돼요.
"너를 위해서."라고 말하면서,
인격을 부정하는 건 큰 모순이에요.

Tomy's Voice

184

견딤

인생은 항상 무언가를
잃어가는 것이니,
때로는 믿기 어려운 상황이
생길 수 있습니다.

그럴 때는,
나라면 뭔가를 얻을 수 있을 거라고
믿고 견뎌낼 수밖에 없어요.
그리고 저는,
누구나 뭔가를 얻을 수 있다고 믿습니다.

만화로 보는
Tomy
스트레스란…
스트레스를
덜 받고 싶다면,
최대한
한 가지에
의식을
집중해보세요.
노후의
경제불안
싫은 상사
아이의
학업 불안
스트레스…
으으으…
예를 들어
지금, 청소하고
있다면 청소에
모든 의식을
집중하는
거예요.
좋았어!
철저하게
깨끗하게
만드는 거야!
여러 가지
생각을 하면
스트레스가
늘어나니까…
스트레스
스윽
눈앞의 일에
집중하도록
몰두할 것!!
집중!!

Tomy's Voice

185

목표

목표는 괴로운 것이 아니에요.

목표를 향해 나아가면서
삶을 더욱 풍요롭게 만드는 것이죠.
목표를 추구하는 과정에서
즐거움을 느끼지 못한다면,
그것은 진정한 목표가 아닌 거예요.

Tomy's Voice

186

연결

다른 사람과 다투게 되어도,
너무 신경 쓰지 마세요.

문제가 이미 존재했기 때문에
드러나는 것일 뿐입니다.
인연이 있다면 다시 연결되겠죠.
그렇지 않더라도 괜찮습니다.
누구도 잘못한 것은 아닙니다.
모든 것은 자연스럽게, 자연스럽게.

Tomy's Voice

187

간결

하고 싶은 말이
잘 정리되지 않을 때는
간결하게 말하는 게
가장 좋아요.

그리고 평소에 간결하게 말하는 버릇을
들이면 더 좋고요.
간결하게 말할 수 없을 때는

- 미움받고 싶지 않다.
- 만일의 경우 변명하고 싶다.

이런 바람이 들어 있는 경우가 많을 거예요.

Tomy's Voice

188

자신감

자신감을 키울 방법을
생각해 봤는데,
이러니 저러니 해도 내 인생을
지탱해 온 건 나잖아요?

남에게 의지해도,
열등감에 시달린다고 해도,
내 인생은 언제나 내가 만들어 온 거예요.
그러니까 OK!
자신감을 가져요!

Tomy's Voice

189

험담

**요즘 저는 험담하는 일도,
들을 일도 줄어들고 있습니다.**

인간관계가 좋아지고 있다는 증거겠죠.
게다가 내 시간이 소중하니까,
남의 험담을 주고받는 시간이 아까워요.
반대로 인간관계가 좋지 않을 때는
험담하지 말고,
험담에 어울리지 않는 게
좋을지도 모르겠어요.

Tomy's Voice

190

열심히

열심히 한다는 건,
노력이 즐거울 수 있도록
정성껏 준비하는 것이란
말이죠.

고통스럽게 계속할 필요는 없는 거예요.
오히려 그러면 열심히 할 수 없으니까요.

Tomy's Voice

191

주마등

죽기 전에 인생의 장면이 차례로 펼쳐진다는 주마등.

뭔가 싫은 생각이 떠올라 울 것 같아지면,
'이 장면 주마등으로 보일까.'라고
생각해 보면 됩니다.
그렇게 생각하면 지금 떠오른 싫은 생각은
대개 보일 것 같지 않은
사소한 것들일 뿐이에요.

Tomy's Voice

192

휘둘림

당신이 보는 의견은,
"당신을 움직이고 싶은"
사람이 내놓은 것일 뿐이에요.

그렇게 생각하지 않는 사람은, 의견이나
생각이 있어도 입 밖에 내놓지 않으니까요.
클레임을 많이 받아도 미움받고 있다고는
할 수 없는 거죠.
아무 말도 듣지 않는다고,
사람들이 당신을 좋아한다고는
할 수 없습니다.
눈앞의 의견에만 휘둘리지 않아야 해요.

Tomy's Voice

193

좋아함

"좋아하는데 잘되지 않는다.",
"좋아하는데 인정받지 못한다."
이런 고민을 하는 분들에게.

괜찮아요. "좋아하는 것"도 재능 중 하나에요.
좋아한다는 것 때문에 몇 번이고
도전할 수 있고, 연습도 할 수 있죠.
그게 좋으니까요. 좋아한다는 건
가장 큰 강점입니다.
언젠가는 보답받을 테니 조급해하지 마세요.

Tomy's Voice

194

엄격

**친절하려면 때로 엄격해야 해요.
엄격하려면 실은
친절해야 하고요.**

상대방을 소중히 생각하기 때문에,
엄격해야 하는 때도 있어요.
하지만 그것이 잔인하지는 않죠.
당신만의 신념이 있다면,
자신감을 가지고 엄격하게 해보세요.

195

초심

처음에 어떤 마음으로
그것을 시작했는지
메모해 두면 좋을 것 같아요.

가끔 다시 읽고 초심을 떠올리기 위해서요.
초심은 의외로 잊기 쉽습니다.
초심이 이대로 괜찮을지, 아닐지
알려줄 때도 있어요.

Tomy's Voice

196

성장

체력이나 젊음에는
한계가 있지만
경험치는 계속해서
쌓이는 거예요.

괜찮아요,
사람은 계속해서 성장할 수 있어요.

Tomy's Voice

197

사명감

젊을 때는 자신을 위해
움직이는 것이 즐거웠어요.
하지만 해가 갈수록 그렇지도
않게 되어가네요.

어떤 취미도 언젠가는 질려버리고
물질적인 즐거움에는 한계가 있거든요.
즐거움 대신 소중해지는 것은 사명감입니다.
남을 위해 움직이는 거요.
사명감으로 움직이는 사람은
의무감만으로 행동하는 게 아닙니다.
그게 자신의 기쁨이 되기도 해요.

Tomy's Voice

198

도움

다른 사람에게 무언가를
가르칠 때는
'상대에게 도움이 됐으면
좋겠다.'라고 생각하고
가르치는 게 좋아요.

'선생님이니까.', '내가 지위가 높으니까.'라고
생각하고 가르치면 상대방에게
와닿지 않아요.
그래서 뛰어난 선생일수록 겸손한 거예요.

Tomy's Voice

199

기다림

기다리는 건 힘들어요.
하지만, 언젠가는 찾아올 거예요.
그건 행복한 일이죠.

다시는 일어나지 않는다는 사실이
더 괴로운 일이니까요.
그래도 어떻게 보면 기대할 필요가
없어진 것이기도 해요.
그것도 행복한 일이에요.

Tomy's Voice

200

기회

**강한 사람에게 대응하는 것은
사실 기회입니다.**

강하게 밀어서 이겨왔던 사람이기 때문에
차분하게 관찰해보면 약점이 있어요.
천천히 대처하다 보면
강함이 무너져 나가는 거죠.
상대방의 기세에 휩쓸리지 않으면,
의외로 쉬운 상대일지도 몰라요.

Tomy's Voice

201

의존

의존이라는 건 알코올이나
담배뿐만이 아닙니다.
무언가에 의존하기는 쉽지만,
거기서 벗어나는 것은 어려워요.

조금은 의지하더라도
항상 '출구'를 상상하고
느슨하게 의지하는 게 중요해요.

Tomy's Voice

202

외로움

인생은 상실을 맛보는 것이에요.

자세히 들여다보면 저마다 다들 외로워요.
그냥 외로움의 모양과
타이밍이 다를 뿐이죠.

"삶의 의미를 모르겠다"

직장인으로서 일하고 직장 상사나 동료, 가족과 친구 관계도 좋아서 풍족한 하루하루를 보내고 있습니다. 하지만 가끔 무엇을 위해 사는지 모르겠습니다. 충분히 행복하고 부족함이 없는데 삶의 의미를 알 수 없게 되기도 합니다. 탄탄하게 반복되는 매일이 가끔 무의미하다고 생각됩니다. (40대 남성)

사는 의미 같은 건, 처음부터 없어요.

사는 의미는 사실 처음부터 없는 거예요. 태어나고 죽어가는 것뿐입니다. 하지만 살아있는 이상은, 살아있는 시간을 충실하게 만들고 싶지 않나요? 그뿐입니다.

달리 말하면, 사는 것 자체에 의미가 있다고도 할 수 있지요. 무슨 의미를 찾기 위함이 아니라, 그 자체로 의미라는 겁니다. 지금은 모를 뿐 탄탄하게 반복되는 하루하루가 얼마나 멋진지 깨달을

날이 올 거로 생각해요.

만약 그래도 힘들게 느껴진다면, 가끔 일상을 바꿔보는 체험을 해보세요. 예를 들어 여행이라든가 이사라든가 유학이라든가, 전혀 다른 시간을 만들어 보는 겁니다. 지금 당장 할 수 없다면 그 준비를 한다던가요.

아마 당신의 인생에서는 지금까지 돌아가는 길이 적었을 거예요. 돌아가는 길이 적으면, 대로에 있을 때의 기쁨을 잘 알 수 없게 되기도 합니다. 나중에라도 좋으니까 조금 돌아가 보세요. 자신의 인생에 우회로를 만들어도 된다고 생각하세요.

왜냐하면, 죽으면 당신의 이름도, 성별도, 인간관계도, 경력도, 지구에 있는 것도, 지금 시대에 있는 것도, 모든 것이 없어져 버리기 때문입니다. 그렇기 때문에 삶이 의미 있는 것입니다. 지금의 당신은 유한하고, 유일무이한 인생이니까요.

그것만으로 충분하지 않나요?

Tomy's Voice

203

새로움

익숙한 일을 하면
시간은 순식간에 지나갑니다.
하지만 새로운 일을 하면
시간이 길게 느껴집니다.

처음 가는 길은 모르니까 길게 느껴지지만, 돌아오는 길은 짧게 느껴지는 거죠. 이걸 응용해서 인생을 오래 맛보고 싶다면, 여러 가지 새로운 것들을 주기적으로 섞어보면 좋지 않을까요.

Tomy's Voice

204

싫증

싫증 나는 게 나쁜 건 아닙니다.
똑같은 일이 반복되니
질리는 거예요.

하지만 같은 일이 반복되는 것은 행복이에요.
거기에 일상이 있고, 자신을 지탱해 주는
기반이 있어요.
오늘도 평소의 동료들과 인사하고,
밥 먹고, 웃고, 싸우고.
질리고 질려도, 그래도 행복해요.

Tomy's Voice

205

되새김

**소중한 사람과의 시간이
한정되어 있다는 것을
머리로는 알고 있는데,
함께 있으면 영원히 이어질
것처럼 느끼는 이유는 무엇일까요.**

나중에 추억으로 돌아보는 것보다
지금 그 순간을 느끼는 게 더 행복해요.
일상으로 돌아가면 금방 지나가기 때문에,
지금 함께 있는 사람과의 시간을
의식하며 즐겨보세요.

Tomy's Voice

206

평균

자신의 인생에서
'절대 용서할 수 없는 부분'이
있다는 건 알아요.

그렇지만 용서할 수 없는 부분에
내가 인생에서 정말 잘 살았다 싶은
기억을 더 해서 평균을 냈을 때,
꽤 나쁘지 않다면 그걸로
충분하지 않을까 해요.
흠잡을 데 없는 인생이란,
스스로 "비난할 부분"을 만들지 않으면
되는 거예요.

Tomy's Voice

207

날씨

낮은 고도 비행이라도
안정되어 있다면
그것으로 충분해요.

사람의 마음에도 날씨가 있습니다.
오늘은 오늘 날씨.
내일은 내일 날씨.
오늘 기분에 비가 내려
마음속 비행기가 낮게 비행했지만,
내일 기분은 맑을 수도 있는 거예요.

Tomy's Voice

208

혼자

혼자 있을 때 오는 외로움은
어떤 것으로도 감당할 수 없어요.

그러니까 감당하지 않아도 괜찮아요.
외로움을 잠시나마 잊을 수 있는
순간들이 있으면 그걸로도 충분해요.

Tomy's Voice

209

형식

연하장을 주고받기만 하는 인간관계가 그 이상으로 깊어지는 일은 적습니다.

반대로 평소 친하게 지낸다면,
연하장 보내는 걸 잊어도
인간관계가 깨지지 않습니다.
결국 서로가 사람으로서
좋아하는지 아닌지가 중요한 거지요.
형식적인 관계에만 얽매이지 말고,
인간관계의 질을 의식하는 것이 중요합니다.

Tomy's Voice

210

맛

인생에 꼭 이루어야만 하는 목표는 없습니다. 그저 시작해서, 언젠가 끝날 뿐이에요.

꼭 이루어야 할 목표가 없다면 당황할 필요도, 달려갈 필요도 없다고 생각해요. 주변 경치를 보면서, 새소리와 길가의 꽃, 상쾌한 바람을 느끼며, 나아가는 것을 맛보며 살아가면 되겠죠.

Tomy's Voice

211

자연

손쉽고 빠르게
행복을 만드는 방법은
자연을 만지는 것입니다.

어릴 때는 야산을 뛰어다니기만 해도
웃는 얼굴이 될 수 있었잖아요.
우리도 자연의 일부입니다.
햇빛을 받거나, 기분 좋은 바람을 맞거나,
꽃과 나무와 함께 호흡한다거나,
그것만으로 충분히 행복한 기분이 되죠.
산다는 건, 자신과 세상의 대화입니다.

Tomy's Voice

212

그때

돌이킬 수 없는 시간을 생각하면 뭔가를 잃은 기분이 들죠.

하지만 아무것도 잃지 않았어요.
당시의 일을 떠올리면 언제든
다시 살아나기 때문이죠.
그때의 기분도 함께 떠오르게 돼요.

213

주위

자기 자신이
어떤 사람인지 모르겠다면,
주변 사람들을 보세요.

주변에 멋진 사람이 많다면,
당신도 멋진 사람이에요.
이런, 싫은 사람 투성이라고요?
그래도 가장 가까이에 좋은 사람이 있다면
괜찮아요.
좋은 사람이 아무도 없다면,
나의 말이나 행동을
조금은 되돌아보는 것도 좋아요.

Tomy's Voice

214

자신

어떤 사람이 되고 싶어 하는 것은 좋은 일이지만, 나다운 것을 제쳐두고 가면 안 돼요.

누군가를 따라 한 적이 있나요?
그 사람을 닮고 싶어서인가요,
그 사람이 되고 싶어서인가요?
그래도 나의 바탕이 되는 것은
스스로라는 사실을 잊지 말아요.

Tomy's Voice

215

질투

"부러워."하는 마음은
대개 무엇인가를
원하는 것일 뿐이에요.

그 방향에서 바라보면 여전히
부러운 마음을 가질 뿐이니까,
다른 각도에서 바라보는 것이 좋아요.
가지지 못한다는 건
결국 또 다른 무언가를 얻는
과정일 수도 있거든요.

Tomy's Voice

216

감동

정리했어!
내 인생 목표는 이거야.

"인생에 최대한 감동을 더하자."

Tomy's Voice

217

즐거움

즐거운 이벤트를 기다리는 동안 참고 견디는 삶은 아까워요.

사는 시간 대부분이 참는 시간이
되어 버리거든요.
매일 일상 속에 즐거운 한때를 섞어 둡시다.
헬스장에서 운동하는 것도 좋고,
새로운 입욕제를 써보는 것도 좋고,
아이스크림을 먹는 것도 좋아요.

Tomy's Voice

218

시도

자신의 생각이 금방 결실을 맺는 일은 별로 없지요.

아무리 재능 있는 일이라도,
씨를 뿌려서 키워야 합니다.
그러나 씨앗이 언제 수확 시기를
맞이할지 모르니, 해보고 싶은 건
평소에 이것저것 해두는 편이 좋아요.
바로 결과로 이어지지 않더라도
재미있으면 계속하는 것이 중요해요.

Tomy's Voice

219

타인

사람이 타인에 대해 품는 것은 기본적으로 비판이 아니라 '감상'일 뿐이에요.

타인의 정보는 간접적으로만 알 수 있고, 진실인지 아닌지도 모르잖아요. 비판해도 빛나가 타인에게 상처를 줄 가능성이 있다면, 말할 필요 없습니다. 말한다면, 자신을 위해 본인에게 자문해가며 말해야 해요.

Tomy's Voice

220

체념

포기하기 위한 요령은
바로 목표를 이룬 후의 자신을
구체적으로 상상해 보는 거예요.

목적을 달성하면,
많은 것이 사라져 버리거든요.
달성하지 못했기 때문에 되려
목적이 생겨나는 것을 역으로 이용해보세요.
무언가를 손에 넣었을 때의 나의 모습을
상상할 수 있으면,
포기에 더 능숙해질 수 있어요.

Tomy's Voice

221

현실

훌륭한 공적이 있는
일을 한 사람도,
많은 재산을 모은 사람도,
슈퍼스타도 언젠가는 모두
흙으로 돌아갑니다.

저쪽에는 아무것도 못 가져가요.
인생에서 무언가를 이뤘는지 아닌지는
환상 같은 겁니다.
우리가 할 수 있는 것은 현실이라는
꿈을 즐겁게 꾸는 거죠.

만화로 보는 Tomy
남들과 비교한다는 건…
저 사람만 좋은 일을 하잖아… 내가 더 잘할 수 있는데!
저 사람은 언제나 비싸 보이는 옷을 입네… 바보같아!
'나의 영역과 타인의 영역이 다르다.'라는 게 무슨 뜻인지 잘 모를 거로 생각해요.
나는 내 인생을 소중하게 살아간다!
비교할 의미가 없어요.
같은 시대, 같은 공간에 있어도 인생은 나만의 유일한 것이에요!
앗
이곳은
나의 영역

마치며

사실 어렸을 때는 별로 고민이 없었습니다. 굳이 말하자면 입시가 고민이었죠. 수능만 잘 보면 고민이 거의 없어질 거로 생각했거든요. 무사히 의대에 들어가 의사가 되고, 결혼하고, 아이를 키우고, 할아버지가 되고……. 그런 인생이 되리라고 생각했습니다.

그런데 사춘기를 지나 제가 동성애자라는 것을 자각하고, 이후 어떻게 해야 할지 알 수 없게 됐습니다. 이후 부모님께 커밍아웃을 한 일, 아버지의 죽음, 파트너의 죽음 등 걷잡을 수 없을 정도로 고민이 많아졌습니다.

그때 저는 문득 깨달았어요.

'고민이란 낱낱이 해결하려고 하면 늦는다.'라는 것을요.

그리고 어떻게 하면 고민이 줄어들까 생각하게 되었습니다. 정신과 의사를 하다 보면 질병 치료뿐만 아니라 환자의 다양한 고민을 듣는 경우도 많습니다.

저 자신도 나름대로 힘든 고민이 있었지만, 환자들에게 닥친 문제, 거기서 오는 고민도 상당합니다.

저는 '조금만 발상을 바꾸면 고민이 줄어든다.'라는 생각을 했고, 한정된 진료 시간 이내에 여러 조언을 해보았습니다. 고민이라는 건 고민하기 때문에 고민이 되는 것입니다. 그러니까 고민하지 말자는 생각도 있을 터.

처음에는 초점이 어긋난 것도 있었다고 생각합니다만, 서서히 요령을 얻을 수 있게 되었습니다. 이렇게 해서 제 머릿속에 '고민을 사라지게 하는 말'이 점점 쌓여간 것입니다. 이 책은 지금껏 제가 쌓아온 고민을 사라지게 할 말들을 가득 담았습니다. 당신이 고민할 때, 몇 번이고 활용해 주세요.

마지막으로 이 책을 읽어주신 독자 여러분께 진심으로 감사의 말씀을 드리고 싶습니다.

여러분의 고민이 사라져 인생을 더욱 즐길 수 있기를 기원합니다.

정신과 의사 Tomy가 알려주는

1초 만에 고민이 사라지는 말

초판 1쇄 발행 | 2023년 7월 3일

지은이 | 정신과 의사 Tomy
기획편집총괄 | 호혜정
편집 | 이보슬
기획 | 김수하 김민아
번역 | 이선미 **초벌번역** | 김수하
표지·본문 디자인 | 김민정
교정·교열 | 호혜정 김민아
마케팅 | 이지영 최미남

펴낸곳 | 리텍콘텐츠
주소 | 서울시 용산구 원효로 162 세원빌딩 606호
전화 | 02-2051-0311 **팩스** | 02-6280-0371
이메일 | ritec1@naver.com
홈페이지 | http://www.ritec.co.kr
페이스북 · 블로그 · 카카오스토리채널 | [책갈피를 꽂다]
ISBN | 979-11-86151-60-0 03190